パート1・2・5集中練習

新TOEIC® TEST
直前すぐ効く
160問

Tetsuya Morita
森田鉄也 著

語研

　皆さんは TOEIC テストで 400 〜 500 点を取るためには，テストの本番直前に何をすることがもっとも大切だと思いますか。単語や文法事項をたくさん暗記すること，英語をたくさん聞くこと，それともテストを最後まで解ききる速読力を身につけることでしょうか。

　答えは

　完ぺき主義を捨てることです！

　「完ぺきにできないとイヤ！」

　日本人の学習習慣のなかでこの考え方ほどの弊害はありません。壁にぶつかるとその壁を越えるまで先に進もうとしないのです。

　TOEIC テストの問題の中には簡単なものも難しいものも含まれています。400 点を取るためには「簡単なもの」だけを正答すればよいのです。すべての問題を解くのではなく「正答できる問題」を落とさないことが目標点突破のカギなのです。

　本書では「正答できる問題」に的をしぼり目標点達成のための徹底的な対策をしたいと思います。一番の近道は Part 1, 2, 5 を攻略することです。

　TOEIC 受験指導の最優秀校エッセンス イングリッシュ スクールの入門クラスを担当してきた経験と，TOEIC スコア 200 点台から 400 点を超えることに成功した方とのやりとりをもとにこの本を製作しました。無駄を一切省いたこの 160 問を通して，TOEIC スコア 400 〜 500 点に到達する力をつけましょう！

目次

【装丁】関原直子

【CD 吹き込み】Brad Holmes
　　　　　　　James House
　　　　　　　Josh Keller
　　　　　　　Nadia McKechnie
　　　　　　　Carolyn Miller
　　　　　　　Stacy Powell

❖ TOEIC TEST の形式

リスニング・テスト　100 問　約 45 分

Part 1　🔁 写真描写問題【10 問】

写真の内容に一致するものを，放送される 4 つの英文の中から選ぶ。

Part 2　🔁 応答問題【30 問】

最初の発言に対する適切な応答を 3 つの選択肢から選ぶ。

Part 3　🔁 会話問題【30 問】

2 人の A → B → A（→ B）の会話を聞き 3 つの設問に答える。

Part 4　🔁 説明文問題【30 問】

1 人の短いトークを聞き，3 つの設問に答える。

リーディング・テスト　100 問　75 分

Part 5　🔁 短文穴埋め問題【40 問】

空欄を適切な語句で埋め，文法が正しく，意味の通る英文にする。

Part 6　🔁 長文穴埋め問題【12 問】

文章中の空欄に入る適切な語句を選ぶ。1 つの文章に空欄は 3 つ。

Part 7　🔁 読解問題【48 問】

さまざまな 1 つの文書・2 つの文書を読み，設問に答える。

❖ 本書の特長

本書は TOEIC テストの 7 つのパートのうち，初級者にとって短期間で成果が出やすい Part 1・2・5 だけに的を絞っています。

―なぜ Part 1, Part 2, Part 5 なのか

▶ 点数がすぐに上がる

TOEIC は正答数をベースにスコアを算出しています。つまり，難しい問題を 5 問正答しても，簡単な問題を 5 問正答しても同じ点数になります。Part 3・4 は聞かなければならない文の量が Part 1・2 に比べて圧倒的に多いので大変です。しかも，いくつもの文をひとつのストーリーとして聞く力が必要です。Part 6・7 も Part 5 に比べて読む量が圧倒的に多く，いくつもの文を読んでひとつの文章として読まなければならないので，とても負担になります。

それに対して Part 1・2・5 に出てくる英文は単文（1 センテンス）で，複雑な文はほとんど出てきません。さらに，その 1 文全部を聞かなくても［読まなくても］解答できる問題が多くあります。

▶ テクニックが使いやすい

Part 1・2・5 は，聞く力，読む力を地道に身につけなければならない Part 3・4・6・7 と異なり，さまざまなテクニックを使って正答を得ることができます。例えば，Part 2 では出だしの疑問詞の部分さえ聞き取れれば正答できる問題がありますし，Part 5 では空欄の前後を見るだけで正答できるものがあります。Part 5 ではこういったテクニックを使えば読む量を大幅に減らすことができ，解答時間を短縮することができます。

▶ 勉強時間が格段に短くて済む

長い英文を聞いたり，長文を読んだりするには時間がかかります。それに対して，

Part 1・2・5は単文なので，1問あたりに対する聞く時間，読む時間が短くなります。つまり，学習時間が短くて済むので，直前対策に適したパートなのです。

―学習の進め方

　本書は　1. 攻略法　2. 単語リスト　3. 模試（ヒント付き）　4. 模試（ヒントなし）で構成されています。

1. パート別攻略法
　まずは，それぞれのパートの攻略法を学習します。問題のパターン・出題のポイント・どのように解けばよいのかがわかるようになっています。

2. 単語リスト
　模試を受けるうえで知っておかなければならない基本単語リストと模試の中に出てくる重要語の一覧です。これを読まなくても問題を解くことのできる自信がある方は，これを飛ばして模試に進んでください。

3. ヒント付き模試
　それぞれの設問に，正答のヒントが付いています。解答の手助けになるだけでなく，「こういったタイプの設問はこういったところに注目すればいいのか！」というのがわかるようになります。
　答え合わせをしたら解きっぱなしにするのではなく，間違った問題や自信を持って正答できなかった問題の解き方を「パート別攻略法」に戻って確認しましょう。
　また，「単語リスト」を活用して問題中に出てきた知らない単語を覚えましょう。

4. ヒントなし模試
　こちらはヒントがないので，「どこに注目すれば解くことができるのか」を考えながら解いてください。答え合わせの際には自分の注目したところが合っていたかど

うかをしっかりと確認しましょう。ヒント付きの模試と同様，間違った問題や自信を持って正答できなかった問題の解き方を「パート別攻略法」に戻って確認し，「単語リスト」を活用して問題中に出てきた知らない単語を覚えましょう。

目標とする正答数

400 点をとるためにはおよそ 50% の正答率が必要になります。
つまり，リスニング約 50 問，リーディング約 50 問正答する必要があります。

Part	目標(問)	全問数	目標正答率
Part 1	7	10	7 割
Part 2	20-22	30	7 割
Part 3	12-13	30	4 割
Part 4	12-13	30	4 割
Part 5	25-28	40	6～7 割
Part 6	6-8	12	5～7 割
Part 7	20-22	48	4 割

500 点をとるためにはおよそ 60% の正答率が必要になります。
つまり，リスニング約 60 問，リーディング約 60 問正答しなければなりません。

Part	目標(問)	全問数	目標正答率
Part 1	7-8	10	7～8 割
Part 2	23-25	30	8 割
Part 3	15-17	30	5 割
Part 4	15-17	30	5 割
Part 5	28-32	40	7～8 割
Part 6	8-9	12	7～8 割
Part 7	25-29	48	5～6 割

パート別攻略法

Ⓐ Ⓑ Ⓒ Ⓓ ● Ⓑ Ⓒ Ⓓ Ⓐ ● Ⓒ Ⓓ Ⓐ Ⓑ ● Ⓓ Ⓐ Ⓑ Ⓒ ●

Part 1　写真描写問題

写真の内容に一致するものを，放送される (A) 〜 (D) 4つの英文から選びます。

1.　1つ1つの選択肢に○×△の判断をする

　4つの選択肢をすべて聞いてから正答を判断しようとすると，最後の選択肢を聞くころには最初の選択肢を忘れてしまいます。そのため，(A)，(B)，(C)，(D) それぞれの選択肢に必ず○（合っている），×（間違っている），△（わからない）の判断をしましょう。もし△が出ても，他の選択肢がすべて×なら消去法で正答を選ぶことができます。

例題　◎ 3

(A) People are riding bicycles.　（人々は自転車に乗っている）　　→×

(B) People are cutting trees.　　（人々は木々を切っている）　　　→×

(C) People are boarding public transportation.

　　　　　　　　　　　　（人々は公共交通機関に乗り込んでいる）→△

(D) People are painting a wall.　（人々は壁を塗っている）　　　→×

はっきりと理解できなくても，他の選択肢が違うから (C) が正答だと判断できます。

【重要語彙】
　　□ ride：〜に乗る　□ board：〜に搭乗する　□ public transportation：公共交通機関

2. 出題パターン：1人の人が写っている → 人の動作に注目

人が1人だけ写っている写真は，まず「動作」に注目しましょう。人の動作は《be 動詞＋動詞の -ing 形》（現在進行形）で表されます。不正解の選択肢は**動作が間違っている**ものがほとんどです。

put on と wear に注意 ━━━━━━━━━━━━

put on（〜を着る・身につける）は be putting on という現在進行形になると「着ている途中」を表します。正答になるには，「今まさに服を着ようとしている」写真でなければなりません。「着ている状態」を表す場合は be wearing になります。

He's <u>wearing</u> a jacket.　　（彼はジャケットを着ている）
He's <u>putting on</u> a jacket.　　（彼はジャケットを着ているところだ）

3. 出題パターン：2人以上の人が複数写っている → 動作・場所に注目

不正解の選択肢は動作が間違っていることがほとんどです。特に共通の動作に注目してください。また，**誰がどこ（場所）にいるのか**ということにも注目しましょう。

People are on the train.　　（人々は電車に乗っている）
One man is next to a car.　　（1人の男性が車の隣にいる）

4. 出題パターン：人が写っていない → モノの配置や状態に注目

モノしか写っていない写真は，**モノがどこにあるか**，またそれが**どのような状態か**（停車している，積み重なっているなど）に注目しましょう。

Chairs are around the table.　　（イスがテーブルの周りにある）
Some cars are parked on the street.　　（車が何台か道に駐車してある）

また，港，砂浜，スタジアムのような風景の写真が出てくることもあります。
The beach is deserted.　　（ビーチには誰もいない）

5. 写っていないモノは正答にならない

　当たり前と言えば当たり前ですね。しかし，写っていないモノを使った選択肢は必ず出てきます。例題の選択肢 (A) にも bicycle（自転車）という，写真に写っていないモノがありますね。こういった語句が聞こえたら，すぐに「間違いだ」と判断しましょう。特に，人の写っていない写真に people（人々）がよく使われます。

6. 写っているモノのひっかけに注意する

　逆に写っているモノが「ひっかけ」の選択肢に出てくることも多いので要注意です。例題では (B) に trees（木々）という写真に写っているモノをひっかけに使っています。

7. グループ名に注目する

　Part 1 ではグループの名前がよく正答に登場します。たとえば，sweat shirt（トレーナー），sweater（セーター）や shirt（シャツ）のグループ名は clothes（服）で，piano（ピアノ）や guitar（ギター）のグループ名は instrument（楽器）です。例題でも train（電車）や bus（バス）をまとめた言い方 public transportation（公共交通機関）が正答の選択肢に使われています。

clothes

sweat shirt

sweater

shirt

instrument

piano

guitar

public transportation

train

bus

8. 受け身の進行形に注意する

　受け身の進行形は《be 動詞 + being +動詞の過去分詞形》の形をとり，「～されているところだ」という意味を表します。基本的には，**動作をしている人が写っていなければなりません。**

　　　Dessert is being served.　　　（デザートが出されているところだ）

　＊デザートを出している人が写っていなければなりません。

9. be 動詞を復習しよう

　Part 1 では進行形や受け身がよく使われます。基本文法の確認として，be 動詞の活用を復習しておきましょう。

[be 動詞一覧]

主語	be 動詞の現在形	be 動詞の過去形
I（私）	am	was
You（あなた）	are	were
単数の名詞	is	was
複数の名詞	are	were

Part 2　応答問題

‥‥‥‥‥‥‥‥‥‥‥‥‥‥‥‥‥‥‥‥‥‥‥‥‥【30 問】

最初の発言に対する (A) 〜 (C) の 3 つの応答を聞き，適切な選択肢を選びます。

1. 各選択肢に○×△の判断をする　◎4

選択肢は書かれていないので Part 1 と同じく，1 つ 1 つの選択肢に○×△の判断をしてください。

例題

Who attended the seminar?	（誰がセミナーに参加しましたか）	
(A) Yesterday.	（昨日です）	×
(B) Mr. Nakamura did.	（ナカムラさんがしました）	○
(C) At the meeting room.	（会議室でです）	×

2. 出題パターン：WH 疑問文 → 出だしの WH に注目

Part 2 の多くの問題は WH 疑問文です。WH 疑問文とは，以下のような語から始まる疑問文のことです。Part 2 にはこの出だしの部分さえ聞き取れれば，正答できる問題があります。

Who	（誰）	Where	（どこ）	When	（いつ）
What	（何）	How	（どのように）		

WH に Yes/No では答えられない

英語の疑問文には，Who や When のような疑問詞の付いた WH 疑問文と，付いていない Yes/No 疑問文があります。Yes/No 疑問文には Yes や No で答えることができますが，WH 疑問文には Yes や No で答えることができません。日本語で「誰」や「いつ」といった質問に対して「はい」や「いいえ」で答えることができないのと同じです。そのため，WH から始まる疑問文に Yes や No で答えていたらすぐに「間違いだ」と判断しましょう。

Q：**Did you go to the shop?** （その店に行きましたか）

A：**Yes, two days ago.** （はい，2日前に）　

Q：**When did you go to the shop?** （いつその店に行ったのですか）

A：**Yes, two days ago.** （はい，2日前にです）　

＊たとえ時間を述べていたとしても，When に対して Yes で答えているので正答にはなりません。

when と where に注意 ━━━━━━━━━━━━━━━━━━━━ 4

when［ウェン］と where［ウェア］は音が似ているので要注意です。

Q：**Where did you buy it?** （どこでそれを買ったのですか）

Q：**When did you buy it?** （いつそれを買ったのですか）

聞き間違ってしまうと正答を選べなくなってしまいますね。

3. 似ている音のひっかけに注意　 4

最初に読まれる文に入っている語句と同じ音や似た音の単語がひっかけの選択肢によく出てきます。

Q：**How was the train**ing? （トレーニングはどうでしたか）
A：**The train** was late. （電車は遅れました）　

4. 出題パターン：選択疑問文 → Yes/No で答えることはできない

AかBかのどちらかを尋ねる疑問文です。Yes/No で答えることはありません。日本語でもAかBかを聞かれているのに，「はい」や「いいえ」で答えるのはおかしいですね。

Q：Would you like coffee or tea? （コーヒーがいいですか，それとも紅茶がいいですか）
A：**Yes, I think so.** （はい，そう思います）　
A：**Coffee please.** （コーヒーをください）

5. 出題パターン：付加疑問文 → 普通の疑問文と考える

文末に疑問をくっつける疑問文です。

   Q：**Mr. Lee wrote this, don't he?**　　（リーさんが書いたんですよね？）

この《助動詞＋n't＋代名詞》の部分は「〜ですよね？」程度の意味しかもたないので，ないものだと思ってしまいましょう。

   Q：**Mr. Lee wrote this ~~, don't he~~?**
   A：**Yes, he did.**　　（はい，彼がしました）

6. 出題パターン：否定疑問文 → 否定の部分をカットして普通の疑問文だと思う

否定疑問文は《助動詞＋n't》で始まる疑問文で，「〜じゃなかったですか」といった確認や驚きを表します。これも付加疑問文のように **n't の部分をカットして普通の疑問文だと思う**のがコツです。

   Q：**Didn't you go there yesterday?**　　（昨日そこに行ったのではなかったでしたっけ？）
   A：**No, I didn't.**　　（いいえ，行きませんでした）
         ↓
   Q：**Did~~n't~~ you go there yesterday?**　　（昨日そこに行きましたか）
   A：**No, I didn't.**　　（いいえ，行きませんでした）

このように n't の部分があってもなくても正答には関係ありません。

7. 出題パターン：提案・依頼・願望の文　　◎5

提案「〜しませんか」，依頼「〜してくれませんか」や願望「〜してもいいですか」といった文も Part 2 に頻出します。返答パターンと一緒に覚えておきましょう。

【提案のパターン】

[提案]

Let's do ...	(〜しましょう)
Why don't we do ...?	(〜しませんか)
Why don't you do ...?	(〜したらどうですか)
Would you like me to do ...?	(〜しましょうか)

[返答パターン]

Thanks. / Thank you.	(ありがとう)
Sounds like a good idea.	(いい考えですね)
Sounds good [nice / great].	(いいですね)
Sure. / Of course.	(もちろん)

【依頼や願望のパターン】

[依頼]

Can you [Could you] do ...?	(〜してくれますか／〜していただけますか)
Will you [Would you] do ...?	(〜してくれますか／〜していただけますか)
Please do ...	(〜してください〔命令文〕)

[願望]

| Can [May] I do ...? | (〜してもいいですか) |

[返答パターン]

Sure. / Of course. / Certainly. / Absolutely.	(もちろん)
No problem.	(問題ありません)
I'd love to. / I'd be happy to.	(喜んで)

8. 「わからない」は正答になりやすい

　質問文に「わからない」と答えている選択肢は必ず正答になります。よって,「わからない」という表現を覚えておきましょう。

I don't know. / I have no idea. / I'm not sure.

Part 3　会話問題

2人のA→B→A（→B）の会話を聞き設問に答える問題です。1つの会話に設問が3つあります。質問と選択肢はテストブックに書かれています。

3問中最低でも1問は正答するつもりで解答する

Part 3・4 は Part 1 や Part 2 に比べて読まれる英語の量がとても多くなります。

41. Where is this conversation taking place?
    (A) At a supermarket
    (B) At an office
    (C) At a library
    (D) At a station

1つの会話につきこのような質問と選択肢のセットが3つあり，読むのもとても大変です。そこで全体を漠然と聞いているだけで解ける問題を選んで集中的に解答しましょう。

【主題を問う問題】

What are the speakers mainly discussing?

（2人は主に何について話していますか）

What are the speakers mainly talking about?

（2人は主に何について話していますか）

【場面を問う問題】

Where are the speakers?　（2人はどこにいますか）

Where is this conversation taking place?

（この会話はどこで行われていますか）

【職業を問う問題】

Who most likely is the man?　（男性はおそらく誰ですか）

What kind of company does the man work for?

（男性はどんな会社で働いていますか）

攻略法 **Part 4　説明文問題**

･････････････････････････････【30問】

　1人の短いトークを聞き，設問に答える問題です。1つのトークに設問は3つです。こちらも Part 3 と同様に，全体を漠然と聞いているだけで解ける問題を選んで集中的に解いていきましょう。

【主題を問う問題】

What is the talk mainly about?　　（この話は主に何についてですか）

What is the main topic of the talk?　　（この話の主な話題は何ですか）

What is being advertised?　　（何が宣伝されていますか）

【場面を問う問題】

Where is the talk taking place?　（この話はどこで行われていますか）

Where is this announcement most likely to be heard?

（おそらくこのアナウンスはどこで聞かれますか）

Where is the announcement being made?

（このアナウンスはどこで行われていますか）

Where is this speech probably being given?

（おそらくこのスピーチはどこで行われていますか）

【職業を問う問題】

Who most likely is the speaker?　　（おそらく話し手は誰ですか）

Who most likely is speaking?　　（おそらく誰が話していますか）

【目的を問う問題】

What is the purpose of the announcement?

（このアナウンスの目的は何ですか）

What is the advertisement for?　　（これは何のための広告ですか）

Why is the speaker making the call?

（なぜ話し手はこの電話をしていますか）

文中の空欄に入る適切な語句を (A) 〜 (D) から選び，文法が正しく意味の通る英文にします。

 品詞問題

もっとも得点源になるのが文法問題，特に品詞問題です。品詞問題とは選択肢にさまざまな品詞が並ぶ問題です。

(A) depend　　　動詞
(B) dependence　名詞
(C) dependent　　形容詞
(D) dependently　副詞

どういった位置にどういった品詞が入るのかを覚えておけば，多くの問題を瞬時に解くことができます。

（1）名詞が入る位置

冠詞（a や the）の後ろ

a car（ある車）　　**the** car（その車）

所有格の後ろ

my car（私の車）

形容詞の後ろ

a **big** car（大きな車）
　　　形容詞

動詞の後ろ

He **takes** notes.（彼がメモをとる）
　　　動詞

前置詞の後ろ

by car（車で）
前置詞

22

名詞は名詞とセットになることがあります。こういった問題はセットフレーズ
を知っていなければならないので品詞の問題の中でも難問です。

convenience + **store** （コンビニエンスストア）
　　名詞　　　　　　　名詞

visa + **application** （ビザ申請書）
　名詞　　　　　　　名詞

（2）形容詞が入る位置

名詞の前 　　　　　　　　　　a large **house** （大きな家）
　　　　　　　　　　　　　　　　　　　　名詞

be 動詞などの動詞の後ろ　この形容詞を補語と呼びます。

The dog **is** big. （その犬は大きい）
　　　　動詞　補語

（3）副詞が入る位置

形容詞の前　　　　　　　　a very **large** house （とても大きな家）
　　　　　　　　　　　　　　　　　　　　形容詞

副詞の前　　　　　　　　　very **accurately** （とても正確に）
　　　　　　　　　　　　　　　　　　　　副詞

助動詞と動詞の間　　　　　**can** never **do** （決してすることができない）
　　　　　　　　　　　　　　助動詞　　　　動詞

have + 過去分詞の間　　　　**have** already **done** （すでにした）
　　　　　　　　　　　　　　　　　　　　　過去分詞

be + -ing の間　　　　　　**is** currently **living** （現在住んでいる）

be + 過去分詞の間　　　　　**is** currently **closed** （現在閉まっている）
　　　　　　　　　　　　　　　　　　　　　過去分詞

文の要素（主語・動詞・目的語）などがすべてそろっている場合，空欄には副詞が入ります。

He signed the document quickly. （彼はすばやくその書類にサインした）
主語　　　　動詞　　　　　　目的語

（4）品詞を特定するのに役立つ単語の末尾の形 — — — — — — — —

選択肢の単語の品詞を特定するには，単語の末尾にある形をヒントにします。有名なものは受験前に覚えておきましょう。

[名詞を作る語尾]

-ity/-ty	possibility	（可能性）
-ion	renovation	（改築）
-ment	enjoyment	（楽しみ）
-ness	happiness	（幸福）
-ant/ent （人を表す場合）	applicant	（応募者）

[形容詞を作る語尾]

-able/-ible	dependable	（信頼できる）
-ic	economic	（経済の）
-al	medical	（医学の）
-ous	dangerous	（危険な）
-ive	supportive	（協力的な）
-ant/-ent	pleasant	（心地よい）

[副詞接辞]

-ly	frequently	（頻繁に）

動詞の形

動詞の形の問題は動詞の何形が入るのかを問う問題です。

(A) depend 　　　原形 / 現在形
(B) depended 　　過去形 / 過去分詞
(C) depending 　 -ing 形
(D) to depend 　 to 不定詞

(1) 動詞の原形が入る位置（原形 = 辞書に載っている形）— — — — —

助動詞（can, should, must, may）の後ろ

He **may** <u>come</u> today. 　（彼は今日，来るかもしれない）
　　助動詞

please「〜してください」の後ろ

Please <u>come</u> today. 　（今日お越しください）

不定詞の to の後ろ

I wanted **to** <u>go</u> there. 　（そこに行きたかった）

(2) 動詞の -ing 形 — — — — — — — — — — — —

be 動詞の後ろに置いて進行形を作る

He **is** <u>working</u> on the project. 　（彼はそのプロジェクトに取り組んでいる）

動詞や前置詞の目的語になる

He has **finished** <u>writing</u> a résumé. 　（彼は履歴書を書き終えた）
　　　　　動詞

He was capable **of** <u>communicating</u> in English.
　　　　　　　　前置詞
　　　　　　　　　　　　　（彼は英語でコミュニケーションを取ることができた）

(3) 過去分詞 ---- -- -- -- -- -- -- -- -- -- -- -- -- -- --

> **have/has の後ろに置いて完了形を作る**

He **has** <u>completed</u> the project.　（彼はそのプロジェクトを終わらせた）
     完了形

> **be 動詞の後ろに置いて受け身形（〜される）を作る**

The project **was** <u>completed</u> last week.　（そのプロジェクトは先週完了した）
     受け身形

> **主語が人で be 動詞の後ろに感情の動詞の過去分詞を置く**

He　**is**　<u>pleased</u> with the result.　（彼は結果に満足している）
人　　be 動詞　感情を与える動詞

【覚えておくべき感情の過去分詞】
  be pleased/satisfied （満足する）
  be surprised/amazed （驚く）
  be impressed   （感銘を受ける）
  be fascinated   （魅了される）
  be disappointed   （落胆する）
  be tired   （疲れる）
  be excited   （興奮する）

 代名詞の格

代名詞の格の問題では，選択肢にさまざまな格が並びます。

 (A) she   主格
 (B) her   目的格 / 所有格
 (C) hers   所有代名詞
 (D) herself 再帰代名詞

［人称代名詞の格変化］

単 / 複	人称	訳	主格	所有格	目的格	所有代名詞	再帰代名詞
			～は / が	～の	～を / に	～のもの	～自身
単数	一	私	I	my	me	mine	myself
	二	あなた	you	your	you	yours	yourself
	三	彼	he	his	him	his	himself
		彼女	she	her	her	hers	herself
		それ	it	its	it		itself
複数	一	私たち	we	our	us	ours	ourselves
	二	あなたたち	you	your	you	yours	yourselves
	三	彼ら 彼女ら それら	they	their	them	theirs	themselves

（1）主格：主語の位置に入る形 ▬ ▬ ▬ ▬ ▬ ▬ ▬

He **went** to the park. （彼はその公園に行った）
主語　　動詞

（2）目的格：目的語の位置（動詞や前置詞の後ろ）に入る形 ▬ ▬ ▬ ▬ ▬

The company offered the job **to** him. （会社は彼にその仕事をオファーした）
前置詞

（3）所有格：冠詞の位置（名詞の前）に入る形 ▬ ▬ ▬ ▬ ▬ ▬ ▬

your **car** （あなたの車）　　　his new **job** （彼の新しい仕事）
名詞　　　　　　　　　　　　　　　↓　　名詞
名詞の前に形容詞がある場合も多い。

（4）所有代名詞：「～のもの」という意味になる名詞 ▬ ▬ ▬ ▬ ▬ ▬

Your car is more expensive than mine. （あなたの車は私のよりも高い）
= my car

（5）再帰代名詞：主語と同じ名詞が目的語の位置にある時の形 ▬ ▬ ▬ ▬

We have to familiarize ourselves with the new rules.
主語　　　　　　　　　　　　目的語
同じ

（私たちは新しい規則に慣れなければならない）

27

一人称とは話し手（一人目），二人称は聞き手（二人目），三人称とはそれ以外の人（第三者）と覚えておきましょう。

 相関接続詞

相関接続詞とはセットで接続詞のような働きをするものです。選択肢には以下のような語が並びます。

------- Mr. Chen and Ms. Kim ...

(A) Both

(B) Either

(C) Neither

(D) Not only

Both Mr. Chen ------- Ms. Kim ...

(A) and

(B) or

(C) nor

(D) but

【よく出題される相関接続詞】

both *A* and *B*	（AもBも）
either *A* or *B*	（AかB）
neither *A* nor *B*	（AもBも〜ない）
not only *A* but (also) *B*	（AだけでなくBも）

both を見つけたら and を入れ，and を見つけたら both を入れる，というふうに解答することができます。つまり，**選択肢の単語に合う相方を問題文中から探せばいいわけです。**

時制問題

文中にある時間を表す語句を見つけ，それに合う適切な動詞の形を選ぶ問題です。

(A) will work　　　　未来形

(B) have worked　　　現在完了形

(C) are working　　　現在進行形

(D) worked　　　　　過去形

（1）現在を表す印

> now, currently（今・現在）

He is working on the project **now**.（彼は今，そのプロジェクトに取り組んでいる）
　　現在進行形

（2）過去を表す印

> yesterday（昨日）
>
> last ...（先の〜）：last week（先週），last year（去年）
>
> previously（以前は），... ago（〜前）

He made a presentation **two weeks ago**.
　過去形

（彼は2週間前にプレゼンテーションをした）

（3）未来を表す印

> tomorrow（明日）
>
> next ...（次の〜）：next week（来週），next year（来年）

He will attend the banquet **tomorrow**.（彼は明日，祝宴に出席する）
　未来形

＊英語では未来のことを will や be going to を使って表します。

態問題は，主語がその動作をする側か，される側かを判断する問題です。される側の場合は《be＋過去分詞》（～される）の受動態の形を選びます。

    (A) has made　　能動態
    (B) was made　　受動態
    (C) is making　　能動態
    (D) will make　　能動態

　このように，一見時制の問題に見えますがじつは態の問題で，仲間はずれの選択肢が正答になることが多くあります。

    Our company ------- in 1988.
    (A) has established
    (B) was established
    (C) is establishing
    (D) will establish

Our company was established in 1988.
会社

（当社は１９８８年に設立された）

 接続詞 vs. 前置詞

　接続詞か前置詞を選ぶ問題です。この問題も仲間はずれの選択肢がよく正答になります。

    (A) despite　　前置詞
    (B) although　　接続詞
    (C) while　　接続詞
    (D) because　　接続詞

（1）後ろにある形に注目→名詞があるなら前置詞

[------- 名詞], 主語＋動詞

[Despite **the heavy rain**], the airplane arrived on time.
前置詞 名詞のかたまり

（豪雨にもかかわらず，飛行機は時間どおりに着いた）

主語＋動詞 ..., [------- ＋名詞]

The airplane arrived [despite **the heavy rain**].
前置詞 名詞のかたまり

（2）後ろにある形に注目→主語＋動詞があるなら接続詞

主語＋動詞 ..., [------- ＋主語＋動詞]

The airplane arrived on time [although **it** heavily **rained**].
接続詞 主語 動詞

（雨がひどく降っていたが，飛行機は時間どおりに着いた）

[------- ＋主語＋動詞], 主語＋動詞 ...

[Although **it** heavily **rained**], the airplane arrived on time.
接続詞

比較の問題

　比較の問題は形容詞・副詞の形を選ぶ問題です。比較級は語末に -er を付けたり，語の前に more を置いたりして「より〜」という意味を表します。最上級は語末に -est を付けたり，語の前に most を置いたりして「もっとも〜」という意味を表します。

(A) tall 　　　原級
(B) taller 　　比較級
(C) tallest 　最上級
(D) so tall 　副詞＋原級

攻略法

31

印を見つける

比較級を導く印，最上級を導く印を見つけて解くのが基本です。

than が後ろにあれば比較級

This table is cheaper **than** that one. (このテーブルは、あのテーブルよりも安い)

the がある場合は最上級になることが多い

This table is **the** cheapest in this shop.

(このテーブルはこのショップで一番安い)

 数量詞の問題

数量詞とは数や量を表す言葉のことです。後ろにどういった名詞の形をとるのかを覚えておく必要があります。次の空欄に (A) ～ (D) のどれが入るかを考えてみてください。

------- car

(A) all

(B) some

(C) many

(D) every

正答 (D)：every ＋単数名詞

many ＋複数形	many cars（多くの車）
few ＋複数形	few cars（車がほとんどない）
some ＋ 複数形 / 数えられない名詞	some cars（いくつかの車） some information（いくつかの情報）
all ＋ 複数形 / 数えられない名詞	all cars（すべての車） all information（すべての情報）
every ＋単数名詞	every car（どの車も）
each ＋単数名詞	each car（それぞれの車）

関係代名詞

　関係代名詞の問題の中で，who, which と that の問題は正答できるようにしておきましょう。関係代名詞はかたまりで前にある名詞を修飾（どんなものなのかを説明）します。前にいる修飾相手が「人」なら who, 人以外は which, that は人でも人でなくてもよいと覚えておきましょう。

There are some employees [who/that do not eat breakfast].
　　　　　　　　　　　人　　　　　　　関係代名詞

（朝食を食べない社員もいる）

That is the country [which/that I visited last year].
　　　　　　　　人以外　　　　　関係代名詞

（そこは去年私が訪れた国だ）

次の表現は特によく出てくるので，セットフレーズとして覚えましょう。

> **anyone who does ...** （～する人は誰でも）
> **those who do ...** （～する人々）

 主述の一致問題

　主述の一致問題とは，主語の数に動詞の形を合わせたり，動詞の形に主語の数を合わせたりする問題です。

(A) say
(B) says
　⋮

The employee [who joined us] -------
　　　単数名詞　　　　　　　　　　三人称単数形の -s が必要 → **says**

The employees [who joined us] -------
　　　複数名詞　　　　　　　　　　**say**

主語と動詞の間に関係代名詞や前置詞のかたまりが入ってくるので要注意です。

👆 語彙問題

選択肢に同じ品詞が並ぶ問題です。単語の意味と使い方を知っているかが問われます。特に正答の語と問題文中にある語句との相性を知っておくことが大切です。

例題1) 動詞と目的語の相性 ━━━━━━━━━━━━━━━

次の空欄に適切な語彙を (A) 〜 (D) の中から選んでみましょう。

------- an order

(A) show

(B) take

(C) do

(D) buy

正答 (B)：take an order（注文する）

特によく出るのが自動詞 vs. 他動詞です。自動詞とは後ろに名詞（目的語）を置くことのできない動詞，反対に，他動詞とは後ろに名詞（目的語）を置かなくてはならない動詞です。自動詞の後ろに名詞（目的語）を置く場合は前置詞の力を借りなければなりません。

go　　to　　Japan
自動詞　前置詞　名詞（目的語）

visit　　Japan
他動詞　　名詞（目的語）

以下は基本的で重要な自動詞と他動詞の例です。必ず覚えておきましょう。

【自動詞】	
go	（行く）
come	（来る）
live	（住む）
talk	（話す）
reply	（答える）
wait	（待つ）
complain	（不満を言う）

【他動詞】

visit	（〜を訪れる）
discuss	（〜について話し合う）
mention	（〜について述べる）
answer	（〜に答える）
reach	（〜に着く）
enter	（〜に入る）
contact	（〜と連絡をとる）

例題2 　形容詞と名詞の相性

次の空欄に適切な語彙を (A) 〜 (D) の中から選んでみましょう。

a ------- invention

(A) valuable

(B) surprised

(C) absolute

(D) skillful

正答 (A)：valuable invention（価値のある発明）

語彙問題は地道に勉強していくしかありません。本番でわからない問題は勘でマークをし，次の問題に進むことが大切です。

Part 6 長文穴埋め問題

　文章中の空欄に適切な語句を入れる問題です。1つの文章に空欄が3つあります。

　空欄のある文だけでは解けない文脈依存問題も出題されます。文法問題，特に**品詞の問題を中心に解いていきましょう**。解答できるものから解答し，わからないものは勘でマークするという姿勢が大事です。

　p. 22 〜 24 で学習したように，品詞問題の選択肢には同じ語が形を変えて並んでいます。選択肢から目を通し，品詞問題をすばやく見つけて解きましょう。

    (A) impressed
    (B) impressing
    (C) impression
    (D) impressive

攻略法 **Part 7　読解問題**

・・・・・・・・・・・・・・・・・・・・・・・・・・・・【48問】

1つの文書と2つの文書があります。1つの文書の問題が9セットで，1セットに設問が2〜5問あります。2つの文書のものは4セットで，1セットに5問です。

1つのセットにあるすべての問題を解くことを目標にするのではなく，解ける問題を確実に解いていくことが重要です。**おすすめは目的・主題を問う問題です。**

 目的・主題を問う問題を中心に解く

What is the purpose of the notice?　（このお知らせの目的は何ですか）

Why was the letter written?　（なぜこの手紙は書かれたのですか）

Why did Mr. Johnson write the e-mail?

（なぜジョンソンさんはこのEメールを書きましたか）

What is being advertised?　（なにが宣伝されていますか）

 文書の短いものを優先する

文書の長さはバラバラです。読む量が少なくて済む問題を優先的に解いていきましょう。

模試
Part 1・Part 2・Part 5

Ⓐ Ⓑ Ⓒ Ⓓ ● Ⓑ Ⓒ Ⓓ Ⓐ ● Ⓒ Ⓓ Ⓐ Ⓑ ● Ⓓ Ⓐ Ⓑ Ⓒ ●

単語リスト

模試 1（ヒント付き）【80 問】

模試 2（ヒントなし）【80 問】

模試の受け方と答え合わせの仕方

1. 問題を解く

　　ヒント付きの問題はヒントを活用して解きましょう。Part 1 と Part 2 の解答用紙には
それぞれの選択肢に○×△の印を付ける欄が用意されています。これもぜひ活用してく
ださい。迷った場合は△と書いて次の問題に集中しましょう。TOEIC ではこの切り替え
がとても大事です。前の問題をズルズルとひきずって，正答できる問題を落としてしまう，
ということのないようにしましょう。完ぺき主義は捨ててください！

2. 答え合わせをする

　　答えあわせをする時は，合っていたか合っていなかっただけではなく，必ず解答の根
拠に注目してください。Part 5 はこの根拠に気がつきやすいようになるべく短めの文を多
くしました。この解答の根拠が本番にも活きてきます。また，間違った問題，自信を持っ
て選べなかった問題，勘で解いた問題に印を付けておきましょう。復習するときはこれ
らを重点的に復習してください。

3. 苦手な問題の解法を確認

　　答え合わせの際に印を付けた問題の解法を「パート別攻略法」に戻って再確認しましょ
う。

4. 単語力を増やす

　　単語リストを使って，知らない単語の意味を確認しましょう。まずは，知っている単語
と知らない単語を分けましょう（どちらかに印を付けてください）。そして，その知らな
い単語を覚えたかどうかをテストしてみてください（単語を見て意味がわかるかをチェッ
クする）。覚えたら「覚えた」という印を付けて覚えていないものだけを何度も復習して
ください。

5. 自信のない問題を解きなおす

　　答え合わせの際に印を付けた問題を解きなおしてください。その後は 2 ～ 5 の作業を
繰り返しましょう。

単語リスト

模試を受けるうえで知っておかなければならない基本単語と，模試の中に出てくる重要語です。これに目を通さなくても問題を解ける自信のある方は，これを飛ばして模試に進んでください。

☐	be lined up	並んでいる
☐	board	〜に搭乗する
☐	calculator	電卓
☐	carry	〜を運ぶ
☐	clerk	店員
☐	cross	〜を横断する
☐	curb	縁石
☐	cut down	〜を切り倒す
☐	direction	方向
☐	enter	〜に入る
☐	face	〜を直視する・〜に面する
☐	fill	〜をいっぱいにする
☐	fold	〜をたたむ
☐	get on ...	〜に乗り込む
☐	go upstairs	階段を上る
☐	instrument	楽器
☐	lean on ...	〜に寄りかかる
☐	lean over ...	〜に身を乗り出す
☐	load	〜を積む
☐	near	〜の近く
☐	ocean	海
☐	pile up	〜を積み重ねる
☐	push	〜を押す
☐	railing	手すり
☐	ride	〜に乗る
☐	set up	〜を設置する
☐	several	いくつかの

☐	shake hands	握手をする
☐	sit on ...	〜に座る
☐	stand upright	直立している
☐	statue	像
☐	sweep	〜を掃く
☐	take a picture	写真を撮る
☐	talk on the phone	電話で話す
☐	vehicle	自動車・乗り物

【曜日】

☐	yesterday	昨日
☐	today	今日
☐	tomorrow	明日
☐	Sunday	日曜日
☐	Monday	月曜日
☐	Tuesday	火曜日
☐	Wednesday	水曜日
☐	Thursday	木曜日
☐	Friday	金曜日
☐	Saturday	土曜日

⋮

【月】

☐	January	1月
☐	February	2月
☐	March	3月
☐	April	4月

☐	May	5月	☐	thirteenth	13番目
☐	June	6月	☐	fourteenth	14番目
☐	July	7月			
☐	August	8月			

【その他の重要単語】

☐	September	9月
☐	October	10月
☐	November	11月
☐	December	12月

【季節】

☐	spring	春
☐	summer	夏
☐	fall / autumn	秋
☐	winter	冬

【序数】

☐	first	1番目
☐	second	2番目
☐	third	3番目
☐	forth	4番目
☐	fifth	5番目
☐	sixth	6番目
☐	seventh	7番目
☐	eighth	8番目
☐	ninth	9番目
☐	tenth	10番目
☐	eleventh	11番目
☐	twelfth	12番目

【その他の重要単語】

☐	a bit	少し
☐	actually	じつは
☐	agree	賛成する
☐	already	すでに
☐	annual	年に一度の
☐	assembly line	組立工程
☐	assignment	課題
☐	attend	～に出席する
☐	banquet	祝宴
☐	be late for …	～に遅れる
☐	be ready for …	～の準備ができている
☐	be tired	疲れる
☐	borrow	～を借りる
☐	brilliant	すばらしい
☐	bring	～を持ってくる
☐	bus stop	バス停
☐	call … later	～にかけ直す
☐	certainly	確実に・たしかに
☐	close to …	～の近くに
☐	contact	～に連絡する
☐	copy machine	コピー機
☐	crowded	混んでいる
☐	deliver	～を送る
☐	department	部署

単語リスト

☐	difficult	難しい		☐	package	小包・パッケージ
☐	document	書類		☐	photocopier	コピー機
☐	find	～を見つける		☐	plan to *do*	～する予定である
☐	finish *doing*	～を終える		☐	prefer	～のほうが好きだ
☐	get to ...	～に着く		☐	price	値段
☐	give ... a ride	～を車で送る		☐	publish	～を出版する
☐	go ahead	どうぞ		☐	record	～を記録する
☐	have to *do*	～しなければならない		☐	right away	すぐに
☐	hold the line	電話を切らずに待つ		☐	share	～を共有する
☐	I have no idea.	わからない。		☐	sign	～に署名する
☐	I'm not sure.	はっきりとはわからない。		☐	sign up	登録する
☐	in front of ...	～の前で		☐	signature	署名
☐	instead of ...	～の代わりに		☐	since	～からずっと
☐	interview	面接		☐	Sounds like a good idea.	いい考えですね。
☐	leave for ...	～に向けて出発する				
☐	look at ...	～を見る		☐	still	まだ
☐	look forward to ...	～を楽しみに待つ		☐	submit	～を提出する
☐	look over ...	～に目を通す		☐	sure	もちろん
☐	make a copy	コピーを取る		☐	take a break	休憩をとる
☐	maybe	おそらく		☐	take place	起こる・開かれる
☐	miss	～に乗り遅れる		☐	try on ...	～を試着する
☐	need to *do*	～する必要がある		☐	turn off ...	～の電源を切る
☐	next to ...	～の隣に		☐	view	眺め
☐	No problem.	問題ありません。		☐	want ... to *do*	（人）に～してほしい
☐	not yet	まだ～ない		☐	weather	天気
☐	note	メモ		☐	work out	うまくいく
☐	order	～を注文する		☐	You're welcome.	どういたしまして。
☐	orientation	オリエンテーション				

☐	accept	～を受け付ける	☐	courteous	礼儀正しい
☐	according to ...	～によると	☐	current	現在の
☐	accounting	経理	☐	decline	減少
☐	already	すでに	☐	delay	～を延期する
☐	annual	年に一度の	☐	discount	割引
☐	as of ...	～から	☐	discuss	～について話し合う
☐	at least	少なくとも	☐	economical	経済の
☐	attend	～に出席する	☐	effort	努力
☐	attendee	出席者	☐	employee	社員
☐	available	利用できる・応じられる	☐	equipment	機器
☐	be based on ...	～に基づく	☐	essential	欠かせない
☐	be expected to *do*	～すると予期されている	☐	exceed	～を超える
☐	be famous for ...	～で有名な	☐	excellent	すばらしい
☐	be held in ...	～で開かれる	☐	exceptional	優れた
☐	be in charge of ...	～の責任がある	☐	expense	費用
☐	be intended for ...	～を対象としている	☐	experience	経験
☐	be interested in ...	～に興味がある	☐	extensive	幅広い
☐	be required to *do*	～することが要求される	☐	extremely	非常に
☐	be scheduled for ...	～に予定されている	☐	factory	工場
☐	because of ...	～が原因で	☐	familiarize *A* with *B*	A を B に慣れさせる
☐	board	取締役会	☐	financial	財政の
☐	branch	支店	☐	free of charge	無料の
☐	candidate	候補者	☐	fundraising event	チャリティイベント
☐	charge	請求／～を請求する	☐	implement	～を実施する
☐	collective	集合的な	☐	indispensable	欠かせない
☐	consultation	相談	☐	inspection	検査
☐	cordial	思いやりのある	☐	international	国際的な
			☐	introduce	～を導入する

単語リスト

☐ invest *A* in *B*	A を B に投資する
☐ invitation card	招待状
☐ item	商品
☐ mayor	市長
☐ offer	〜を提供する
☐ on schedule	予定通りに
☐ order	注文／〜を注文する
☐ performance	業績
☐ plan to *do*	〜する予定だ
☐ premise	敷地
☐ problem	問題
☐ profitable	収益の高い
☐ proper	適切な
☐ prosperity	繁栄
☐ register for ...	〜に登録する
☐ relatively	比較的
☐ remarkably	著しく
☐ result	結果
☐ revenue	収入
☐ sales representative	販売員
☐ select *A* as *B*	A を B に選ぶ
☐ sign up	登録する
☐ significantly	著しく
☐ solve	〜を解決する
☐ statistics	統計
☐ still	まだ
☐ store	〜を保管する
☐ strong	強い

☐ submit	〜を提出する
☐ suffer from ...	〜に苦しむ
☐ supervisor	上司
☐ survey	調査
☐ take a vacation	休暇を取る
☐ to date	今までで・現在まで
☐ transfer to ...	〜に異動する
☐ travel on business	出張する
☐ turn out to be ...	〜だとわかる
☐ upcoming	今度の
☐ useful	役に立つ

模試 1
ヒント付き

Part 1　【10 問】

Part 2　【30 問】

Part 5　【40 問】

LISTENING TEST

In the Listening test, you will be asked to demonstrate how well you understand spoken English. The entire Listening test will last approximately 45 minutes. There are four parts, and directions are given for each part. You must mark your answers on the separate answer sheet. Do not write your answers in your test book.

Part 1

Directions: For each question in this part, you will hear four statements about a picture in your test book. When you hear the statements, you must select the one statement that best describes what you see in the picture. Then find the number of the question on your answer sheet and mark your answer. The statements will not be printed in your test book and will be spoken only one time.

Sample Answer

Ⓐ Ⓑ ● Ⓓ

Example

Statement (C), "They're standing near the table," is the best description of the picture, so you should select answer (C) and mark it on your answer sheet.

1.
13

動作に注目！

2.
14

動作に注目！

GO ON TO THE NEXT PAGE

3.
15

動作に注目！ 受け身の進行形に注意する！

4.
16

モノの配置に注目！ 写っていないモノは正答にならない！

5.
[17]

人の動作に注目！

 6.
[18]

人の共通の動作に注目！

模試1

GO ON TO THE NEXT PAGE

51

7.

人の動作に注目！

 8.

グループの名前に注意！

9.

動作に注目！

 10.

グループの名前に注意！　写っていないモノは正答にならない！

GO ON TO THE NEXT PAGE

Part 2

Directions: You will hear a question or statement and three responses spoken in English. They will not be printed in your test book and will be spoken only one time. Select the best response to the question or statement and mark the letter (A), (B), or (C) on your answer sheet.

Example

Sample Answer
Ⓐ ● Ⓒ

You will hear: Where is the meeting room?

You will also hear:　(A) To meet the new director.
　　　　　　　　　　(B) It's the first room on the right.
　　　　　　　　　　(C) Yes, at two o'clock.

The best response to the question "Where is the meeting room?" is choice (B), "It's the first room on the right," so (B) is the correct answer. You should mark answer (B) on your answer sheet.

11. Mark your answer on your answer sheet.　　　出だしを聞き逃さない！WH疑問文にYes/Noは×

12. Mark your answer on your answer sheet.　　　出だしを聞き逃さない！

13. Mark your answer on your answer sheet.　　　出だしを聞き逃さない！

14. Mark your answer on your answer sheet.　　　出だしを聞き逃さない！

15. Mark your answer on your answer sheet.　　　選択疑問文にYes/Noは×

16. Mark your answer on your answer sheet.　　　付加疑問文は普通の疑問文だと思う

17. Mark your answer on your answer sheet.　　　出だしを聞き逃さない！

18. Mark your answer on your answer sheet.　　　付加疑問文は普通の疑問文だと思う

19. Mark your answer on your answer sheet.　　　出だしを聞き逃さない！

20.	Mark your answer on your answer sheet.	出だしを聞き逃さない！
21.	Mark your answer on your answer sheet.	出だしを聞き逃さない！
22.	Mark your answer on your answer sheet.	出だしを聞き逃さない！
23.	Mark your answer on your answer sheet.	出だしを聞き逃さない！
24.	Mark your answer on your answer sheet.	出だしを聞き逃さない！
25.	Mark your answer on your answer sheet.	依頼への返答パターンを意識する
26.	Mark your answer on your answer sheet.	出だしを聞き逃さない！
27.	Mark your answer on your answer sheet.	音のひっかけに注意！
28.	Mark your answer on your answer sheet.	最初の文に質問文がくるとは限らない！
29.	Mark your answer on your answer sheet.	音のひっかけに注意！
30.	Mark your answer on your answer sheet.	出だしを聞き逃さない！
31.	Mark your answer on your answer sheet.	付加疑問文は普通の疑問文だと思う
32.	Mark your answer on your answer sheet.	否定疑問文は否定の部分をカットする
33.	Mark your answer on your answer sheet.	何を尋ねているのかを聞き取る！
34.	Mark your answer on your answer sheet.	提案に対する返答を意識する
35.	Mark your answer on your answer sheet.	依頼表現への返答を意識する
36.	Mark your answer on your answer sheet.	音のひっかけ，連想語に注意！
37.	Mark your answer on your answer sheet.	否定疑問文は否定の部分をカットする
38.	Mark your answer on your answer sheet.	否定疑問文は否定の部分をカットする
39.	Mark your answer on your answer sheet.	申し出に対する返答を意識する
40.	Mark your answer on your answer sheet.	許可を求める表現への返答を意識する

GO ON TO THE NEXT PAGE

READING TEST

In the Reading test, you will read a variety of texts and answer several different types of reading comprehension questions. The entire Reading test will last 75 minutes. There are three parts, and directions are given for each part. You are encouraged to answer as many questions as possible within the time allowed.

You must mark your answers on the separate answer sheet. Do not write your answers in the test book.

PART 5

Directions: A word or phrase is missing in each of the sentences below. Four answer choices are given below each sentence. Select the best answer to complete the sentence. Then mark the letter (A), (B), (C), or (D) on your answer sheet.

41. The machine is neither tested ------- intended for home use.

    (A) and
    (B) or
    (C) nor
    (D) but

相関接続詞は相方を探す！

42. Employees must show ------- identification cards when entering the company premises.

    (A) them
    (B) they
    (C) theirs
    (D) their

空欄の後ろの名詞に注目！

43. Mogliace, Inc., has invested twenty million dollars in the ------- of a new library in Nagoya.

(A) construction

(B) construct

(C) constructive

(D) constructively

空欄の前にあるものに注目！

44. The new type of LCD TV is expected to be a profitable -------.

(A) invent

(B) invention

(C) inventor

(D) invented

空欄の前の２語に注目！

45. The meeting ------- until next Friday.

(A) has been delayed

(B) will be delaying

(C) was delaying

(D) has delayed

主語の名詞の意味は？

46. We will send the items to you ------- from our factory.

(A) director

(B) direction

(C) directly

(D) directs

文中に欠けているところはあるか

47. Kevin Kwok, who ------- CEO of LS Morgan since 2006, is the keynote speaker at the conference held in Vancouver.

(A) was

(B) will be

(C) is

(D) has been

時間表現に注目！

GO ON TO THE NEXT PAGE

48. The meeting was ------- scheduled for April 10.

(A) origin
(B) original
(C) originally
(D) originate

空欄の前後にあるものに注目！

49. Ms. Tanvez has been selected as the new manager since she has ------- experience in the field of marketing.

(A) extend
(B) extensive
(C) extensively
(D) extension

空欄の後ろの語に注目！

50. Mr. Lopez and Ms. Callow attended the conference on product ------- this year.

(A) develop
(B) development
(C) developer
(D) developed

空欄の前の語に注目！

51. Until the end of March, you can upgrade your current system at no ------- charge.

(A) addition
(B) additional
(C) additionally
(D) adding

空欄の後ろの名詞に注目！

52. All the employees are required to familiarize ------- with the new copy machine.

(A) they
(B) their
(C) theirs
(D) themselves

空欄の位置と主語に注目！

53. Mr. Griffin left work ------- than usual today.

(A) earlier

(B) early

(C) earliest

(D) so early

空欄の後ろの語に注目！

54. NYG Corp. is expecting huge ------- in sales this year.

(A) grow

(B) grown

(C) growth

(D) grew

空欄の前の語に注目！

55. ------- employee who is interested in transferring to the New Zealand branch should contact Ms. Hyun.

(A) Any

(B) All

(C) Some

(D) Few

空欄の後ろの名詞の形に注目！

56. Please ------- the meeting room at least ten minutes before the workshop starts.

(A) enter

(B) entrance

(C) entering

(D) entered

空欄の前の語に注目！

57. Ms. Mayer has really dedicated ------- to the project.

(A) she

(B) her

(C) herself

(D) hers

空欄の位置と主語に注目！

GO ON TO THE NEXT PAGE

58. The product must be ------- by Friday.

    (A) order

    (B) ordering

    (C) ordered

    (D) orders

主語に注目！

59. ------- the building inspection, the office is closed today.

    (A) In case

    (B) Because of

    (C) Provided that

    (D) Otherwise

空欄の後ろにあるのは名詞 or 文？

60. Ms. Wu ------- the report and would like to discuss it during the next board meeting.

    (A) see

    (B) seeing

    (C) seen

    (D) has seen

主語に注目！

61. ------- at the administrational conference in Paris exceeded 12,000 this year.

    (A) Attendant

    (B) Attendee

    (C) Attending

    (D) Attendance

動詞の部分に注目！

62. The new project requires extensive interaction ------- inside and out.

    (A) both

    (B) neither

    (C) not only

    (D) either

相関接続詞は相方を見つける！

63. The MG Clothing Company offers -------- lower prices for its clothes.

(A) considers

(B) considerable

(C) considerably

(D) consideration

空欄の後ろの語に注目！ 👁

64. ------- her vacation, Svea Holtz visited Japan and Korea.

(A) While

(B) During

(C) Although

(D) Additionally

空欄の後ろにあるのは名詞 or 文？ 👁

65. We are ------- to inform you that we would like to offer you our management position.

(A) pleased

(B) please

(C) pleasing

(D) pleasure

主語に注目！ 👁

模試 1

66. The employees who plan to take a paid vacation must ------- tell their supervisors the exact days they will be out of the office.

(A) clear

(B) clears

(C) cleared

(D) clearly

空欄の位置に注目！ 👁

67. Three years ago, Mr. Sakata ------- our company.

(A) leaves

(B) will leave

(C) left

(D) has left

時間表現に注目！ 👁

GO ON TO THE NEXT PAGE

68. Customer files are ------- stored in the filing cabinet near the printer.

(A) previously

(B) slightly

(C) usually

(D) widely

時制に注目！

69. Candidates for the position ------- to have five years of experience in management.

(A) require

(B) required

(C) have required

(D) are required

空欄の後ろの形に注目！

70. Employees ------- want to attend the training seminar must sign up before May 29.

(A) which

(B) who

(C) where

(D) when

関係詞のかたまりが修飾する相手は？

71. ------- for the museum are accepted at the Pacific Supermarket.

(A) Donator

(B) Donation

(C) Donations

(D) Donating

be 動詞に注目！

72. Not only the mayor of Sacramento ------- also the governor of California participated in the annual film festival.

(A) then

(B) but

(C) or

(D) both

相関接続詞は相方を探す！

73. Ms. Jackson ------- Mr. Son a raise based on his excellent performance during the last fiscal year.

(A) granted
(B) recalled
(C) practiced
(D) surprised

空欄の後ろに名詞はいくつ？ 👁

74. Every clerk working for Saveways Supermarket ------- to be cordial and courteous.

(A) have
(B) has
(C) having
(D) to have

主語の形に注目！ 👁

75. A ------- working environment is essential to workers' well-being.

(A) surprised
(B) confident
(C) pleasant
(D) distracted

空欄の後ろにある名詞を修飾できるのは？ 👁

76. ------- the great location, the restaurant has seen a decline in the number of customers.

(A) While
(B) Even if
(C) In case
(D) Despite

空欄の後ろにあるのは名詞 or 文？ 👁

77. Only MGS employees are ------- to use the equipment in this room.

(A) allowed
(B) decided
(C) limited
(D) repeated

空欄の前後の形に注目！ 👁

模試 1

GO ON TO THE NEXT PAGE

78. Poca Foods, Inc., is in charge of the manufacture and ------- of its products.

(A) foundation

(B) exception

(C) competition
　　　　　　　　　　and が並べているのは？
(D) distribution

79. Asia is suffering from poor crops this year ------- the weather conditions are extremely bad.

(A) even

(B) because

(C) during
　　　　　　空欄の後ろにあるのは名詞 or 文？
(D) among

80. The new system turned out to be very -------.

(A) effect

(B) effective

(C) effectively
　　　　　　　　空欄の前の２語に注目！
(D) effects

易 (A) He's leaning over the piano.

(B) He's putting on glasses.

(C) He's playing the piano.

(D) He's taking out music sheets.

(A) 彼はピアノに乗り出している。

(B) 彼はメガネをかけているところだ。

(C) 彼はピアノを弾いている。

(D) 彼は楽譜を取り出している。

☞ **動作に注目！**

男性がピアノを弾いている。これを素直に描写した (C) が正答。(A) は動詞 lean over（身を乗り出す）、(B) は put on（着る）、(D) は take out（取り出す）が写真の動作と合っていない。(B) は put on ではなく wear（He is wearing glasses.「メガネをかけている」）であれば正答になりえる。

重要語彙 □ lean over ...：～に身を乗り出す　□ put on ...：～を着る　□ play the + 楽器：楽器を演奏する　□ take out ...：～を取り出す　□ music sheet：楽譜

普 **(A) Some people are going upstairs.**

(B) Some people are cleaning the floor.

(C) One woman is leaning on the railing.

(D) One woman is buying some goods.

(A) 何人かの人が階段を上っている。

(B) 何人かの人が床を掃除している。

(C) 1人の女性が手すりに寄りかかっている。

(D) 1人の女性が商品を買っている。

☞ **動作に注目！**

数人の人が階段を上っている。これを適切に描写した (A) が正答。go upstairs（階段を上る）、go downstairs（階段を下りる）、stairs/staircase（階段）は必ず覚えておこう。他の選択肢はすべて動作が間違い。(C) は写真にある railing（手すり）を使ったひっかけ。

重要語彙 □ go upstairs：階段を上る　□ clean：～を掃除する　□ floor：床　□ lean on ...：～に寄りかかる　□ railing：手すり　□ goods：商品

3.　正答：B　　　　　　　　　　　　人が 1 人写っている　　◎ TRACK 15

難

(A)　A woman is <u>drinking</u> water.

(B)　A cup is being filled.

(C)　A woman is <u>placing</u> a cup on the table.

(D)　A machine is <u>being repaired</u>.

(A)　女性が水を飲んでいる。

(B)　コップに (飲み物が) 注がれている。

(C)　女性がテーブルにコップを置いているところだ。

(D)　機械が修理されているところだ。

☞ **動作に注目！ 受け身の進行形に注意する！**

コップに飲み物を注いでいる写真。fill（～をいっぱいにする・詰める）の受け身の進行形を使って，「コップに（飲み物が）注がれている」と述べている (B) が正答。(C) は cup は写っているが動作が合わない。(D) も machine（機械）はあるが動作（being repaired）が合わない。

重要語彙　　□ drink：～を飲む　□ water：水　□ cup：コップ　□ fill：～をいっぱいにする
□ place *A* on *B*：A を B に置く　□ table：テーブル　□ machine：機械　□ repair：～を修理する

4.　正答：C　　　　　　　　　　　　人が写っていない　　◎ TRACK 16

普

(A)　<u>People</u> are talking on the phone.

(B)　<u>People</u> are reading some books.

(C)　Public phones are lined up.

(D)　<u>Microphones</u> are on the <u>floor</u>.

(A)　人々は電話で話しているところだ。

(B)　人々は本を読んでいるところだ。

(C)　公衆電話が並んでいる。

(D)　マイクが床にある。

☞ **モノの配置に注目！ 写っていないモノは正答にならない！**

公衆電話の電話機が並んでいる。これを be lined up（並んでいる）と表した (C) が正答。人は写っていないので，(A) や (B) は正答にならない。(D) の Microphones（マイク）や floor（床）は写真にない。

重要語彙　　□ talk on the phone：電話で話す　□ be lined up：並んでいる　□ microphone：マイク
□ floor：床

模試 1 解答・解説

5. 正答：D   複数の人が写っている   ◎ TRACK 17

(A) People are sweeping the floor.

(B) One woman is pulling a suitcase.

(C) One woman is taking a picture.

(D) People are walking near the painting.

(A) 人々は床を掃いている。

(B) 1人の女性がスーツケースを引いている。

(C) 1人の女性が写真を撮っている。

(D) 人々は絵の近くを歩いている。

☞ **人の動作に注目！**

美術館の中で人が歩いている。これを描写した (D) が正答。(A)，(B)，(C) はすべて動作が違う。
(C) の picture は「絵」という意味ではなく「写真」という意味で使われている。

重要語彙　　□ sweep：～を掃く　□ floor：床　□ pull：～を引く　□ suitcase：スーツケース
　　　　　　□ take a picture：写真を撮る　□ near：～の近く　□ painting：絵画

---

6. 正答：B   複数の人が写っている   ◎ TRACK 18

(A) One man is returning books.

(B) People are using computers.

(C) People are reading magazines.

(D) One man is wearing a hat.

(A) 1人の男性が本を返却している。

(B) 人々はコンピュータを使っている。

(C) 人々は雑誌を読んでいる。

(D) 1人の男性は帽子をかぶっている。

☞ **人の共通の動作に注目！**

複数の人がコンピュータを使っている。これを適切に描写した (B) が正答。(A) と (C) は図書館
という場面から想像されるひっかけ。帽子をかぶっている人はいないので，(D) は正答にならない。

重要語彙　　□ return：～を戻す・返却する　□ book：本　□ use：～を使う　□ computer：コンピュ
　　　　　　ータ　□ read：～を読む　□ magazine：雑誌　□ wear：～を着ている　□ hat：帽子

7. 正答：B　　　　　　　　　　　　　1人の人が写っている　　　◎TRACK 19

 (A) He's putting on a helmet.

(B) He's riding a bicycle.

(C) He's carrying a box.

(D) He's reading a newspaper.

(A) 彼はヘルメットをかぶっているところだ。

(B) 彼は自転車に乗っている。

(C) 彼は箱を運んでいる。

(D) 彼は新聞を読んでいる。

☞ 人の動作に注目！

男性が自転車に乗っている写真。これを適切に描写した (B) が正答。その他の選択肢は動作が間違っている。(A) は He's wearing a helmet.（彼はヘルメットをかぶっている）であれば正答。

重要語彙 🖉　□ helmet：ヘルメット　□ ride：〜に乗る　□ bicycle：自転車　□ carry：〜を運ぶ
　　　　　　□ read：〜を読む　□ newspaper：新聞

---

8. 正答：A　　　　　　　　　　　　　人が写っていない　　　◎TRACK 20

(A) Some snow is on the vehicle.

(B) People are cleaning the road.

(C) Trees are being cut down.

(D) A man is driving a car.

(A) 車の上に雪がある。

(B) 人々は道を掃除している。

(C) 木が切られているところだ。

(D) 男性が車を運転している。

☞ グループの名前に注意！

停車してある車の上に雪が積もっている。これを適切に描写した (A) が正答。vehicle は car（車）のグループ名。人は写っていないので，(B) や (D) は正答にならない。また (C) は受け身の進行形なので木が切られている最中の写真でなければならない。

重要語彙 🖉　□ snow：雪　□ vehicle：自動車・乗り物　□ clean：〜を掃除する　□ road：道
　　　　　　□ cut down：〜を切り倒す　□ drive：〜を運転する　□ car：車

模試 1　解答・解説

9. 正答：C　　　　　　　　　　1人の人が写っている　　◉TRACK 21

普

(A) He's painting a picture.

(B) He's wearing glasses.

(C) He's talking on the phone.

(D) He's speaking into a microphone.

(A) 彼は絵を描いているところだ。

(B) 彼はメガネをかけている。

(C) 彼は電話で話している。

(D) 彼はマイクに向かって話している。　　☞ **動作に注目！**

男性が電話で話しながらメモを取っている。これを描写した (C) が正答。その他の選択肢はすべて動作が違う。(A) painting は，絵具で絵を描くことやペンキを塗ることを表す。write（〔字〕を書く）と混同しないように注意。(D) は写っているモノを使ったひっかけ。

重要語彙　　□ paint：(絵) を描く　□ wear：〜を着る　□ glasses：メガネ　□ talk on the phone：電話で話す　□ speak into a microphone：マイクに向かって話す

---

10. 正答：D　　　　　　　　　　人が写っていない　　◉TRACK 22

難

(A) People are playing the guitars.

(B) People are buying several items.

(C) Some rings are on the desk.

(D) Some instruments are standing upright.

(A) 人々はギターを弾いている。

(B) 人々はいくつかの商品を買っている。

(C) いくつかの指輪が机の上にある。

(D) いくつかの楽器が立てかけてある。

☞ **グループの名前に注意！ 写っていないモノは正答にならない！**

複数のギターが立てかけられている。ギターをグループ名である instrument（楽器）と言い換えた (D) が正答。standing upright（まっすぐ立つ・直立している）はレベルの高い表現。(A) はギターという写真にあるモノを使ったひっかけ。

重要語彙　　□ guitar：ギター　□ several：いくつかの　□ item：商品　□ ring：指輪　□ instrument：楽器　□ stand upright：直立している

70

Who wrote that signature?	誰がその署名を書いたのですか。
(A) Ms. Choi did.	(A) チョイさんです。
(B) Two days ago.	(B) 2日前です。
(C) Yes, I do.	(C) はい，私はします。

☞ 出だしを聞き逃さない！WH 疑問文に Yes/No は×

Who（誰？）と尋ねているのに対して，「Ms. Choi（チョイさん）」と人の名前を答えている (A) が正答。(B) は When（いつ）に対する答え。(C) は WH 疑問文に対して Yes で答えているので正答にはならない。

重要語彙 □ wrote：write（～を書く）の過去形　□ signature：署名　□ ... ago：～前

When is the magazine published?	その雑誌はいつ発行されているのですか。
(A) On the table.	(A) 机の上です。
(B) Every Wednesday.	**(B) 毎週水曜日です。**
(C) Mr. Lopez.	(C) ロペスさんです。

☞ 出だしを聞き逃さない！

質問文の疑問詞 When（いつ）に対し，「毎週水曜日」と答えている (B) が正答。(A) は Where（どこで）に対する答え，(C) は Who（誰）に対する答え。

重要語彙 □ magazine：雑誌　□ publish：～を出版する　□ every：毎～

When do you leave for Boston?	いつボストンに向けて出発するのですか。
(A) From Vancouver.	(A) バンクーバーからです。
(B) In March.	**(B) 3月です。**
(C) By plane.	(C) 飛行機です。

☞ 出だしを聞き逃さない！

質問文の疑問詞 When（いつ）に対し，「3月」という時間を答えている (B) が正答。(A) は Where（どこ）に対する答え，(C) は How（どのように）に対する答え。

重要語彙 □ leave for ....：～に向けて出発する　□ by + 手段：～で　□ plane (= airplane)：飛行機

模試 1 解答・解説

14.　正答：C　　　　　　　　　　　　　　　　　WH 疑問文　🔘 TRACK 27

Where did you put my report?	どこに私の報告書を置きましたか。
(A)　Yes, I did.	(A) はい，私はやりました。
(B)　Yesterday.	(B) 昨日です。
(C)　It's on your desk.	(C) あなたの机の上にあります。

☞ **出だしを聞き逃さない！**

どこに書類を置いたのかを尋ねているのに対し，「机の上」と場所を答えている (C) が正答。(A) は WH 疑問文に対して Yes で答えているので間違い。(B) は When（いつ）に対する答え。

重要語彙 🖊 □ put ... ＋場所：〜を（場所）に置く　□ report：報告書　□ on ...：〜の上に　□ desk：机

15.　正答：A　　　　　　　　　　　　　　　　　選択疑問題　🔘 TRACK 28

Are you taking the bus, or should I give you a ride?	バスで行きますか，それとも車で送りましょうか。
(A)　I can go by myself.	(A) 自分で行けます。
(B)　Write it here, please.	(B) ここに書いてください。
(C)　Yes, at this bus stop.	(C) はい，このバス停でです。

☞ **選択疑問文に Yes/No は×**

質問文は選択疑問文になっている。バスで行くか，車で送ってほしいかを尋ねているのに対し，「自分で行ける（＝バスで行く）」と答えている (A) が正答。(B) は質問文中の ride（乗る）と音が似ている write（書く）を使ったひっかけ。(C) は質問文にある bus（バス）を使っている。

重要語彙 🖊 □ take ＋乗り物：（乗り物）を使う　□ give ... a ride：〜を車で送る　□ by *oneself*：自分で
　　　　　 □ write：〜を書く　□ here：ここ　□ bus stop：バス停

16.　正答：C　　　　　　　　　　　　　　　　　付加疑問文　🔘 TRACK 29

You worked late yesterday, didn't you?	昨日遅くまで働いていましたよね？
(A)　I'll call you later.	(A) あとでかけ直します。
(B)　John walked there.	(B) ジョンはそこに歩いて行きました。
(C)　Every day actually.	(C) じつは毎日です。

☞ **付加疑問文は普通の疑問文だと思う**

昨日遅くまで働いていたか，という問いに対して，「じつは毎日（＝昨日だけでなく毎日遅くまで働いています）」と答えている (C) が正答。(A) は，質問文中の late（遅く）と音が似ている later（後で）を使ったひっかけ。(B) は，walk（歩く）と work（働く）の音のひっかけ。

重要語彙 🖊 □ work：働く　□ late：遅く　□ call ... later：〜にかけ直す　□ walk：歩く
　　　　　 □ every day：毎日　□ actually：じつは

17. 正答：B | WH 疑問文 | TRACK 30

<u>What's</u> the best way to get to the hotel?	ホテルに行くのにいちばん良い方法は何ですか。
(A) Maybe tomorrow.	(A) おそらく明日です。
(B) Try Geary Street.	**(B) ギアリー通りを試してみてください。**
(C) The room was brilliant.	(C) その部屋はすばらしかったです。

☞ 出だしを聞き逃さない！

ホテルへの行き方として,「ギアリー通りを試せ」と答えている (B) が正答。(A) は When（いつ）に対する答え。(C) は best（もっとも良い）と hotel（ホテル）からの連想を使ったひっかけ。

重要語彙 □ best：もっとも良い　□ way to *do*：～する方法　□ get to ... :～に着く
　　　　 □ maybe：おそらく　□ try：～を試す　□ room：部屋　□ brilliant：すばらしい

18. 正答：A | 付加疑問文 | TRACK 31

You can work late today, can't you?	今日は遅くまで働けますよね。
(A) Sorry, I don't think I can tonight.	**(A) すみません。今夜はできないと思います。**
(B) Seven o'clock in the morning.	(B) 朝の 7 時です。
(C) You're welcome.	(C) どういたしまして。

☞ 付加疑問文は普通の疑問文だと思う

遅くまで働けるかという問に対して,「できない」と断っている (A) が正答。(B) は時間に関する表現を使ったひっかけ, (C) はお礼に対する答え。

重要語彙 □ work：働く　□ late：遅く　□ sorry：すみません　□ think：思う　□ tonight：今夜
　　　　 □ You're welcome.：どういたしまして。

19. 正答：B | WH 疑問文 | TRACK 32

<u>Who's</u> going to bring the <u>drinks</u>?	誰が飲み物を持ってくるのですか。
(A) I finished <u>drinking</u> it.	(A) 私はそれを飲み終わりました。
(B) Dustin said he would.	**(B) ダスティンがすると言っていました。**
(C) Very crowded.	(C) とても混んでいます。

☞ 出だしを聞き逃さない！

質問文の疑問詞は Who（誰）。Dustin said he would (bring the drinks). で「ダスティンが（飲み物を持ってくる）と言っていた」と答えている (B) が正答。(A) には質問文に出てくる語 drink（飲み物）と同じ音の drink（～を飲む）がひっかけとして使われている。

重要語彙 □ bring：～を持ってくる　□ drink：飲み物／～を飲む　□ finish *doing*：～し終える
　　　　 □ said：say（言う）の過去形　□ crowded：混んでいる

20. 正答：B WH疑問文 🔘 TRACK 33

Why is this document on the desk? / なぜこの書類が机の上にあるのですか。

(A) By train. / (A) 電車でです。

(B) Dave wants you to look at it. / **(B) デーブがそれをあなたに見てほしいそうです。**

(C) I recorded it. / (C) 私がそれを記録しました。

☞ 出だしを聞き逃さない！

なぜ書類が机の上にあるのかを尋ねているのに対して，「デーブがあなたにそれを見てほしい（から）」と理由を答えている (B) が正答。(A) は How（どうやって）に対する答え。(C) は document に「〜を記録する」という意味があることを使ったひっかけ。

重要語彙 □ document：書類／〜を記録する □ desk：机 □ by + 手段：〜で □ train：電車
□ want 人 to do：(人) に〜してほしい □ look at ...：〜を見る □ record：〜を記録する

21. 正答：C WH疑問文 🔘 TRACK 34

What time does the movie start? / 映画は何時に始まりますか。

(A) We've moved to a new office. / (A) 私たちは新しいオフィスに引っ越しました。

(B) No, in the evening. / (B) いいえ，夕方にです。

(C) I'm not sure. / **(C) はっきりとはわかりません。**

☞ 出だしを聞き逃さない！

何時に始まるのか，に対して「はっきりとはわからない」と答えている (C) が正答。(A) は movie（映画）と音が似ている move（引っ越す）のひっかけ。(B) は WH疑問文に No で答えているので間違い。

重要語彙 □ movie：映画 □ start：始まる □ move to ...：〜に引っ越す □ office：オフィス
□ in the evening：夕方に □ I'm not sure.：はっきりとはわからない。

22. 正答：C WH疑問文 🔘 TRACK 35

Where is the meeting taking place? / 会議はどこで行われるのですか。

(A) I took the train today. / (A) 今日は電車を使いました。

(B) In a few days. / (B) 数日後です。

(C) In the room next to John's office. / **(C) ジョンのオフィスの隣の部屋でです。**

☞ 出だしを聞き逃さない！

質問文の疑問詞は Where（どこ）。場所を答えている (C) が正答。(A) は質問文にある taking と同じ動詞 take の過去形を使ったひっかけ。(B) は When（いつ）に対する答え。

重要語彙 □ meeting：会議 □ take place：起こる・開かれる □ take + 乗物：乗物を使う
□ train：電車 □ today：今日 □ in + 未来の時間：〜後に □ a few ...：2, 3の〜
□ room：部屋 □ next to ...：〜の隣に □ office：オフィス

23. 正答：C　WH 疑問文　◎ TRACK 36

Which form do I have to sign?	どの用紙に署名しなければなりませんか。
(A) Yes, you need to.	(A) はい，する必要があります。
(B) It was a formal party.	(B) それはフォーマルなパーティでした。
(C) The one on your right.	**(C) あなたの右にあるものです。**

☞ 出だしを聞き逃さない！

どちらの用紙に記入するのかというのに対し，「右にあるもの」と答えている (C) が正答。(A) は WH 疑問文に対して Yes で答えているので正答にはならない。(B) は form（用紙）と formal（フォーマルな）の音が似ていることを使ったひっかけ。

重要語彙 □ form：用紙　□ have to *do*：〜しなければならない　□ sign：〜に署名する　□ need to *do*：〜する必要がある　□ formal：フォーマルな　□ on *one*'s right：〜の右に

24. 正答：B　WH 疑問文　◎ TRACK 37

How do you turn off the photocopier?	コピー機の電源はどうやって切るのですか。
(A) I can take a picture.	(A) 私が写真を撮りましょう。
(B) Press the red button.	**(B) 赤いボタンを押してください。**
(C) We need to turn right.	(C) 私たちは右に曲がる必要があります。

☞ 出だしを聞き逃さない！

電源の切り方として，「赤いボタンを押して」と答えている (B) が正答。(A) は photo（写真）から連想される picture（写真）を使ったひっかけ。(C) は質問文の turn を使ったひっかけ。

重要語彙 □ turn off ...：〜の電源を切る　□ photocopier：コピー機　□ take a picture：写真を撮る　□ press：〜を押す　□ button：ボタン　□ need to *do*：〜する必要がある　□ turn right：右に曲がる

25. 正答：B　依頼文　◎ TRACK 38

Would you close the window, please?	窓を閉めていただけますか。
(A) The shop will open at nine.	(A) その店は 9 時に開店します。
(B) No problem.	**(B) もちろんです。**
(C) It's not close to the office.	(C) それはオフィスに近くありません。

☞ 依頼への返答パターンを意識する

窓を閉めてくれるかという依頼文に対して，「もちろん」と答えている (B) が正答。(A) は質問文にある close（〜を閉める）から連想される open（開く）を使ったひっかけ。(C) は close［クローズ］と似た音の close［クロース］（近い）を使ったひっかけ。

重要語彙 □ close：〜を閉じる　□ window：窓　□ shop：店　□ open：開く　□ No problem.：問題ありません。　□ close to ...：〜の近くに

26. 正答：A

How many people will come to the interview? | 面接には何人の人が来ますか。
(A) I heard there will be ten. | (A) 10人だと聞きました。
(B) 2:00 P.M. | (B) 午後2時です。
(C) It was a great view. | (C) それはすばらしい眺めでした。

☞ 出だしを聞き逃さない！

面接にくる人数を尋ねているのに対し，there will be ten (people in the interview) で「（面接には）10人（の人）がいる」と答えている (A) が正答。(B) は When（いつ）や What time（何時）に対する答え。(C) は interview と view（眺め）の音のひっかけ。

重要語彙 □ interview：面接　□ heard：hear（〜だと聞いている）の過去形　□ view：眺め

27. 正答：C

Did you turn off the light? | あかりを消しましたか。
(A) Turn right. | (A) 右に曲がってください。
(B) I agree. | (B) 賛成です。
(C) Yes, I did. | (C) はい，しました。

☞ 音のひっかけに注意！

あかりを消したかを聞いている質問文に，ストレートに答えている (C) が正答。(A) は質問文中と同じ単語 turn に加え，音の似ている light と right を使ったひっかけ。質問文の turn は turn off というセットフレーズで「〜を消す」という意味。(A) の turn は「曲がる」という意味。

重要語彙 □ turn off ...：〜を消す・〜の電源を切る　□ light：あかり・ライト　□ agree：賛成する

28. 正答：B

I can't find my pen. | ペンが見つかりません。
(A) Sue will be here today. | (A) スーは今日ここに来ます。
(B) You can use mine. | (B) 私のを使っていいですよ。
(C) The red one looks better. | (C) 赤いのがよさそうです。

☞ 最初の文に質問文がくるとは限らない！

ペンを見つけられないという発言に対して，「私の（ペン）を使っていいですよ」と答えている (B) が正答。このように最初の発言には疑問文がくるとは限らないので要注意。

重要語彙 □ find：〜を見つける　□ here：ここに　□ use：〜を使う　□ mine：私のもの
　　　　 □ look：〜に見える

Is everything ready for the presentation?	プレゼンテーションの準備はすべてできていますか。
(A) We still need a projector.	**(A) まだプロジェクターが必要です。**
(B) On Monday.	(B) 月曜日にです。
(C) No, I don't like the present.	(C) いいえ，そのプレゼントは好きではありません。

☞ 音のひっかけに注意！

仕事の準備はすべてできているかという質問に対し，「プロジェクターが必要（＝準備はできていない）」と遠回しに答えている (A) が正答。(B) は When（いつ）に対する答え。(C) は質問文にある presentation と音の似ている present を使ったひっかけ。

重要語彙 🖊 □ everything：すべて　□ be ready for ...：～の準備ができている　□ presentation：プレゼンテーション　□ still：まだ　□ need：～が必要だ　□ present：プレゼント・贈り物

How long has David been in Seattle?	デイビッドはどのくらいシアトルにいますか。
(A) By airplane.	(A) 飛行機でです。
(B) Since Monday.	**(B) 月曜日からです。**
(C) No, we can't go there.	(C) いいえ，そこに行くことはできません。

☞ 出だしを聞き逃さない！

質問文の疑問詞は How long（どのくらいの期間）。これに対し since（～からずっと）を使って答えている (B) が正答。(A) は How（どうやって）に対する答え。(C) は WH 疑問文に No で答えているので正答にならない。

重要語彙 🖊 □ by ＋ 手段：～で　□ since：～ずっと　□ there：そこに

The supermarket is open, isn't it?	スーパーマーケットは開いていますよね？
(A) Yes, it is.	**(A) はい，そうです。**
(B) I need a pencil.	(B) 私はえんぴつが必要です。
(C) The Marketing Department.	(C) マーケティング部です。

☞ 付加疑問文は普通の疑問文だと思う

スーパーが開いているかを尋ねているのに対し，Yes（はい）と答えている (A) が正答。isn't it の部分を消して考えれば正答しやすくなる。(B) は買い物から連想されるセリフ。(C) は Marketing が market と音が似ていることを使ったひっかけ。

重要語彙 🖊 □ supermarket：スーパーマーケット　□ need：～が必要だ　□ pencil：えんぴつ　□ The Marketing Department：マーケティング部

模試 1 解答・解説

32. 正答：A   否定疑問文   🎧 TRACK 45

Didn't I see you at the orientation yesterday?	昨日オリエンテーションでお会いしませんでしたか。
(A) I don't think so.	(A) そうは思いません。
(B) Yes, it was the sea.	(B) はい，そこは海でした。
(C) Fine, thank you.	(C) 元気です。ありがとうございます。

☞ **否定疑問文は否定の部分をカットする**

会ったかどうかを問う文に，「そうは思わない」と答えている (A) が正答。(B) は see と音の同じ sea を使ったひっかけ。(C) は How are you?（お元気ですか）というあいさつに対する返答。

重要語彙 ☐ see：～に会う ☐ orientation：オリエンテーション ☐ think so：そう思う ☐ sea：海
☐ fine：元気な

---

33. 正答：C   選択疑問文   🎧 TRACK 46

Should I write a full report or just a memo?	完全な報告書を書いたほうがよいですか，それともメモだけでもよいですか。
(A) That's right.	(A) その通りです。
(B) He's a reporter.	(B) 彼はレポーターです。
(C) A memo is fine.	(C) メモで十分です。

☞ **何を尋ねているのかを聞き取る！**

質問文は A or B の選択疑問文になっている。報告書かメモかという問いに対し，「メモで十分」と答えている (C) が正答。(A) は write（書く）と同じ音の right（正しい）を使ったひっかけ。(B) は report（報告書）と似ている音 reporter（レポーター）を使ったひっかけ。

重要語彙 ☐ write：～を書く ☐ full：完全な ☐ report：報告書 ☐ just ...：ただの～
☐ memo：メモ ☐ right：正しい ☐ reporter：レポーター ☐ fine：大丈夫だ

---

34. 正答：B   提案文   🎧 TRACK 47

Why don't you use a train instead of a car?	車の代わりに電車を使ったらどうですか。
(A) The training was great.	(A) トレーニングはすばらしかったです。
(B) That sounds like a good idea.	(B) それはいい考えですね。
(C) I'll go home now.	(C) 私は今から家に帰ります。

☞ **提案に対する返答を意識する**

電車を使う提案に対し，「いい考えだ」と賛同している (B) が正答。(A) は音の似ている train（電車）と training（トレーニング）のひっかけ。(C) は電車や車という単語から連想される文。

重要語彙 ☐ use：～を使う ☐ train：電車 ☐ instead of ...：～の代わりに ☐ car：車
☐ training：トレーニング ☐ great：すばらしい ☐ sounds like a good idea：いい考えです ☐ home：家に

35. 正答：A　　　　　　　　　　　　　　　　　依頼文　⊙ TRACK 48

Can you help me now?	今手伝ってもらえますか。
(A) Yes, I'll come over right away.	**(A) はい，すぐに行きます。**
(B) No, he isn't.	(B) いいえ彼は違います。
(C) Last week.	(C) 先週です。

☞ 依頼表現への返答を意識する

手伝ってくれるかという依頼に対して，「すぐに行く」と答えている (A) が正答。(B) は主語 he
や is が質問文と合わない。(C) は質問文にある now から連想される時間表現を使ったひっかけ。

重要語彙　□ help：～を助ける　□ come over：やってくる　□ right away：すぐに

36. 正答：C　　　　　　　　　　　　　　Yes/No 疑問文　⊙ TRACK 49

Are you planning to attend the annual conference?	毎年恒例の会議に参加する予定ですか。
(A) It was very crowded.	(A) そこはとても混んでいました。
(B) I like the pension plan.	(B) その年金計画を気に入っています。
(C) I'll sign up today.	**(C) 今日登録します。**

☞ 音のひっかけ，連想語に注意！

会議への参加予定を尋ねているのに対し，「今日登録する（＝はい，参加します）」と遠回しに
答えている (C) が正答。(A) は conference（会議）から想像される状況を述べている。(B) は質
問文に出ている plan という語を使ったひっかけ。

重要語彙　□ plan to *do*：～する予定である　□ attend：～に出席する　□ annual：年に一度の
　　　　　□ conference：会議　□ crowded：混んでいる　□ plan：計画　□ sign up：登録する

37. 正答：B　　　　　　　　　　　　　　　　否定疑問文　⊙ TRACK 50

Didn't you like the food there?	そこの料理は好きじゃなかったでしたっけ？
(A) Maybe tomorrow.	(A) おそらく明日です。
(B) It was okay.	**(B) 悪くはなかったです。**
(C) Nice to see you again.	(C) またお会いできてうれしいです。

☞ 否定疑問文は否定の部分をカットする

否定の部分をカットして Did you like the food there?（そこの料理は好きだった？）とすればわ
かりやすい。(B) が正答。okay（OK）や fine には「まあまあ・悪くない」といった意味もある。

重要語彙　□ food：料理　□ maybe：おそらく　□ okay：大丈夫だ　□ Nice to see you again.：また
　　　　　お会いできてうれしいです。

38. 正答：A　　　　　　　　　　　　　　否定疑問文　🎧 TRACK 51

Haven't you seen my client?	私のクライアントを見ませんでしたか。
(A) She was in the lobby.	**(A) 彼女はロビーにいました。**
(B) I put it in the cabinet.	(B) それはキャビネットに入れました。
(C) Have a safe trip.	(C) お気をつけて。

☞ 否定疑問文は否定の部分をカットする

クライアントを見なかったかという質問に対し，「ロビーにいた（＝見た）」と間接的に答えている (A) が正答。(B) は client を聞き取れず，何かものを失くしたのだと勘違いした人をひっかける選択肢。(C) は質問文に出てきた have を使ったひっかけ。

重要語彙 □ client：クライアント　□ lobby：ロビー　□ put ... 場所：～を（場所）に置く
　　　　　□ cabinet：キャビネット　□ safe：安全な　□ trip：旅

39. 正答：A　　　　　　　　　　　　　　提案文　🎧 TRACK 52

Would you like to share a car to the convention with me?	コンベンションまで相乗りして行きませんか。
(A) That sounds great.	**(A) それはいいですね。**
(B) We share the office.	(B) 私たちはオフィスを共有しています。
(C) You're welcome.	(C) どういたしまして。

☞ 申し出に対する返答を意識する

コンベンションまで相乗りしないかという提案に対して，賛同している (A) が正答。(B) は質問文にある単語 share を使ったひっかけ。(C) はお礼に対する返答なので不適切。

重要語彙 □ share：～を共有する　□ convention：コンベンション　□ sounds great：いいですね
　　　　　□ You're welcome.：どういたしまして。

40. 正答：C　　　　　　　　　　　　　　願望表現　🎧 TRACK 53

Can I try those shoes on?	この靴を試着してもいいですか。
(A) Yes, I can.	(A) はい，わたしはできます。
(B) No, it's not so difficult.	(B) いいえ，そんなに難しくありません。
(C) Sure, go ahead.	**(C) もちろん，どうぞ。**

☞ 許可を求める表現への返答を意識する

靴を試してもいいかという要求に対して，「どうぞ」と答えている (C) が正答。(A) は主語が間違っている。(B) は try を「挑戦する」という意味だと思った人をひっかけるための選択肢。

重要語彙 □ try on ...：～を試着する　□ not so ＋形容詞：そんなに～ではない　□ difficult：難しい
　　　　　□ sure：もちろん　□ go ahead：どうぞ

41. 正答：C 相関接続詞

The machine is neither tested nor intended for home use.

(A) and　　　　　　　　　**(C) nor**

(B) or　　　　　　　　　 (D) but　　　　　☞ 相関接続詞は相方を探す！

その機械は，家庭用にテストされておらず，また家庭での使用を目的にもしておりません。

空欄の前には neither があるので，nor を入れて neither *A* nor *B*（AもBも〜ない）の形を作ればよいことがわかる。

重要語彙 □ machine：機械　□ be intended for ...：を対象としている　□ use：使用

42. 正答：D 格

Employees must show **their identification cards** when entering the company
　　　　　　　　　　　　　　名詞

premises.

(A) them　　　　　　　　(C) theirs

(B) they　　　　　　　　**(D) their**　　　☞ 空欄の後ろの名詞に注目！

社員は，会社に入るときは ID カードを見せなければならない。

空欄の後ろに identification cards という冠詞の付いていない名詞があるので，この位置に置くことのできる所有格の (D) their が正答。

重要語彙 □ employee：社員　□ show：〜を見せる　□ identification card：ID カード・身分証明書
　　　　□ enter：〜に入る　□ premises：敷地

43. 正答：A 品詞

Mogliace, Inc., has invested twenty million dollars in the **construction** of a
　　　　　　　　　　　　　　　　　　　　　　　　　冠詞　　　　　　　前置詞

new library in Nagoya.

(A) construction　　　(C) constructive

(B) construct　　　　　　(D) constructively　　☞ 空欄の前にあるものに注目！

モグリアス社は 2 千万ドルを名古屋の図書館に投資した。

空欄の前には冠詞の the があり，後ろには前置詞句が続いているだけで名詞がない。よって空欄には名詞が入るとわかる。選択肢の中で名詞は construction（工事）。(B) construct（〜を建設する）は動詞，(C) constructive（建設的な）は形容詞，(D) constructively（建設的に）は副詞。

重要語彙 □ invest *A* in *B*：AをBに投資する　□ library：図書館

44. 正答：B　　　　　　　　　　　　　　　　　　　　品詞

The new type of LCD TV is expected to be a profitable invention.

冠詞 ＋ 形容詞

(A) invent　　　　　　　(C) inventor

(B) invention　　　　　(D) invented　　　　　☞ 空欄の前の２語に注目！

新しい種類の LCD テレビは収益の高い発明になると予測されている。

空欄の前には冠詞の a と形容詞の profitable（収益の高い）があるので，空欄には名詞が入るはず。選択肢の中で名詞は (B) invention（発明〔品〕）か (C) inventor（発明家）。主語は TV（テレビ）なので invention が適切だとわかる。

重要語彙 □ be expected to *do*：〜すると予測されている　□ profitable：収益の高い

45. 正答：A　　　　　　　　　　　　　　　　　　　　態

The meeting **has been delayed** until next Friday.

延期される側

(A) has been delayed　　(C) was delaying

(B) will be delaying　　　　(D) has delayed　　　☞ 主語の名詞の意味は？

会議は来週の金曜日まで延期された。

meeting は延期をされる側なので，受け身の (A) が正答。他はさまざまな時制になっているが能動態なので正答にならない。next Friday に気を取られ (B) を選んだ人も多かったのでは。延期はすでにされているので has been delayed で問題ない。

重要語彙 □ meeting：会議　□ delay：〜を延期する　□ until：〜まで

46. 正答：C　　　　　　　　　　　　　　　　　　　　品詞

We will send the items to you (**directly**) from our factory.

なくても成立する

(A) director　　　　　　　**(C) directly**

(B) direction　　　　　　　(D) directs　　　　☞ 文中に欠けているところはあるか

当社は商品を工場から直接お客様にお送りします。

空欄の部分がなくても，「商品を工場からあなたに送る」という文が完成している。よって副詞の directly（直接）を入れればよいとわかる。(A) director（指導者・監督）と (B) direction（方向）は名詞，(D) directs は動詞 direct（〜を案内する）の三人称単数形。

重要語彙 □ send：〜を送る　□ item：商品　□ factory：工場

47.　正答：D　　　　　　　　　　　　　　　　　　　　　　　　　　時制

Kevin Kwok, who **has been** CEO of LS Morgan <u>since 2006</u>, is the keynote speaker
　　　　　　　　　　　　　　　　　　　　　　　　完了形の印
at the conference held in Vancouver.

(A)　was　　　　　　　　　(C)　is

(B)　will be　　　　　　　**(D)　has been**　　　　　☞ **時間表現に注目！**

――

2006 年から LS モーガンの CEO であるケビン・クオはバンクーバーで開かれる会議の基調演説者である。

空欄の後ろの since 2006（2006 年から）という表現に注目する。これは完了形と相性のよい表現なので，現在完了形の has been が正答。(A) was は過去形，(B) will be は未来形，(C) is は現在形。

重要語彙 □ CEO：経営最高責任者　□ since ...：〜以来ずっと　□ keynote speaker：基調演説者
　　　　　□ conference：会議　□ be held in ...：〜で開かれる

――

48.　正答：C　　　　　　　　　　　　　　　　　　　　　　　　　　品詞

The meeting <u>was</u> **originally** <u>scheduled</u> for April 10.
　　　　　be 動詞　　　　　　　過去分詞

(A)　origin　　　　　　　**(C)　originally**

(B)　original　　　　　　(D)　originate　　　　　☞ **空欄の前後にあるものに注目！**

――

会議はもともと 4 月 10 日に予定されていました。

空欄の前には be 動詞，後ろには scheduled という過去分詞がある。この間に入れるのは副詞だけ。(C) originally（もともと）が正答。(A) origin（起源）は名詞，(B) original（もともとの）は形容詞，(D) originate（由来する）は動詞。

重要語彙 □ meeting：会議　□ be scheduled for ...：〜に予定されている

――

49.　正答：B　　　　　　　　　　　　　　　　　　　　　　　　　　品詞

Ms. Tanvez has been selected as the new manager since she has **extensive**
<u>experience</u> in the field of marketing.
　名詞

(A)　extend　　　　　　　(C)　extensively

(B)　extensive　　　　　(D)　extension　　　　☞ **空欄の後ろの語に注目！**

――

タンヴェズさんは，マーケティングの分野で幅広い経験があるので，新しいマネジャーに選出された。

空欄の後ろには名詞の experience（経験）がある。これを修飾できるのは形容詞の (B) extensive（幅広い）。(A) extend（〜を拡大する）は動詞，(C) extensively（広範囲に）は副詞，(D) extension（延期・拡張・内線）は名詞。

重要語彙 □ select *A* as *B*：A を B に選ぶ　□ since：なぜなら〜だから　□ experience：経験
　　　　　□ field：分野　□ marketing：マーケティング

模試1 解答・解説

50.　正答：B　　　　　　　　　　　　　　　　　　　　　　　　　　　　　品詞

Mr. Lopez and Ms. Callow attended the conference on product development this
　　　　　　　　　　　　　　　　　　　　　　　　　　名詞　　　　　名詞
year.

(A)　develop 　　　　　　(C)　developer

(B) development　　　(D)　developed　　　　　　☞ **空欄の前の語に注目！**

ロペスさんとキャロウさんは商品開発の会議に今年出席した。

空欄の前には名詞 product（製品）がある。これとセットで名詞のかたまりになるのは (B)
development（開発・発達）。product development で「商品開発」という意味。(A) develop（〜
を開発する）は動詞，(D) developed はその過去形・過去分詞または形容詞（発達した），(C)
developer（開発者）は名詞。

重要語彙 □ attend：〜に出席する　□ conference：会議　□ product：製品

51.　正答：B　　　　　　　　　　　　　　　　　　　　　　　　　　　　　品詞

Until the end of March, you can upgrade your current system at no **additional**
charge.
　名詞

(A)　addition 　　　　　　(C)　additionally

(B) additional　　　　(D)　adding　　　　　　☞ **空欄の後ろの名詞に注目！**

3月末までは，追加料金なしで現在のシステムをアップグレードできます。

空欄の後ろは charge（請求）。この名詞を適切に修飾する形容詞の (B) additional（追加の）が正答。
at no additional charge で「追加料金なしで」という意味。(A) addition（追加・追加されるもの）
は名詞，(C) additionally（さらに）は副詞，(D) adding は動詞 add（加える）の -ing 形。

重要語彙 □ until ...：〜までずっと　□ the end of ...：〜の終わり　□ upgrade：〜をアップグレード
する　□ current：現在の　□ charge：請求

52.　正答：D　　　　　　　　　　　　　　　　　　　　　　　　　　　　　格

All the employees are required to familiarize themselves with the new copy machine.
　　　　主語　　　　　　　　　　　　　　動詞　　　目的語
　　　　　　　　　　　　　　　　　同じ

(A)　they 　　　　　　　(C)　theirs

(B)　their 　　　　　　**(D) themselves**　　　☞ **空欄の位置と主語に注目！**

すべての社員は新しいコピー機に慣れる必要がある。

空欄の前には動詞 familiarize がある。これの目的語になるものが入る。主語は employees（社員）
なので，主語と目的語が同じ場合に使われる再帰代名詞 themselves が正答。

重要語彙 □ employee：社員　□ be required to *do*：〜することが要求される
　　　　　□ familiarize *A* with *B*：A を B に慣れさせる　□ copy machine：コピー機

易 **53. 正答：A**　　　　　　　　　　　　　　　　　　　　　　　　　　　　　比較

Mr. Griffin left work **earlier than** usual today.
　　　　　　　　　　　比較級の印

(A) **earlier**　　　　　(C)　earliest

(B)　early　　　　　　　(D)　so early　　　　☞ 空欄の後ろの語に注目！

グリフィンさんは今日，いつもより早く退社した。

空欄の後ろには than（～よりも）がある。よって，early（早く）の比較級 (A) earlier が正答。
(C) earliest は最上級。

重要語彙 🖉　□ leave work：退社する　□ than usual：いつもより

易 **54. 正答：C**　　　　　　　　　　　　　　　　　　　　　　　　　　　　　品詞

NYG Corp. **is expecting** **huge** **growth** in sales this year.
　　　　　　　動詞　　　 形容詞　目的語（名詞）

(A)　grow　　　　　　　**(C) growth**

(B)　grown　　　　　　(D)　grew　　　　　　☞ 空欄の前の語に注目！

NYG 社は今年，売上がとても増えると見込んでいる。

空欄の前には動詞 is expecting と形容詞 huge がある。よって expect の目的語になり，形容詞に
修飾される名詞 (C) growth（成長）がここに入る。(A) grow（成長する・～を育てる）は動詞，
(D) grew はその過去形，(B) grown はその過去分詞。

重要語彙 🖉　□ expect：～を予期する　□ huge：非常に大きな　□ sales：売上

難 **55. 正答：A**　　　　　　　　　　　　　　　　　　　　　　　　　　　　　数量詞

Any **employee** who is interested in transferring to the New Zealand branch should
　　　数えられる名詞の単数形

contact Ms. Hyun.

(A) **Any**　　　　　　　(C)　Some

(B)　All　　　　　　　　(D)　Few　　　　　　☞ 空欄の後ろの名詞の形に注目！

ニュージーランド支店の異動に興味を持っている社員は皆，ヒュンさんに連絡してください。

空欄の後ろには employee という数えられる名詞の単数形がある。単数形を修飾できるのは (A)
Any（どんな～でも）だけ。(B) All（すべての），(C) Some（いくつかの）の後ろに数えられる
名詞がある場合，その名詞は複数形になる。(D) Few（ほとんど～ない）の後ろには数えられる
名詞しか入らない。

重要語彙 🖉　□ employee：社員　□ be interested in ...：～に興味がある　□ transfer to ...：～に異動す
　　　　　　　る　□ branch：支店　□ contact：～に連絡する

Please **enter** the meeting room at least ten minutes before the workshop starts.
Please の後ろは原形

(A) **enter**　　　　　　(C)　entering

(B)　entrance　　　　　(D)　entered　　　　　　☞ 空欄の前の語に注目！

ワークショップが始まる少なくとも 10 分前には会議室に入ってください。

空欄の直前には Please がある。この後ろには動詞の原形が入るので, (A) enter（～に入る）が正答。
(C) entering は -ing 形, (D) entered は過去形・過去分詞, (B) entrance（入口）は名詞。

重要語彙 　□ meeting room：会議室　□ at least：少なくとも　□ workshop：ワークショップ・研修会

Ms. Mayer has really dedicated **herself** to the project.
　　　　主語　　　　　　　　　動詞　　　　目的語
　　　　└――――――― 同じ ―――――――┘

(A)　she　　　　　　　**(C) herself**

(B)　her　　　　　　　(D)　hers　　　　　　☞ 空欄の位置と主語に注目！

マヤさんはそのプロジェクトに一意専心した。

空欄には dedicate の目的語になる語が入る。後ろの形から dedicate *oneself* to ...（～に専心する）
の構文だとわかる。再帰代名詞の (C) herself が正答。

重要語彙 　□ project：プロジェクト

The product must be **ordered** by Friday.
　　主語（製品）　　　be 動詞

(A)　order　　　　　　**(C) ordered**

(B)　ordering　　　　　(D)　orders　　　　　　☞ 主語に注目！

その製品は金曜日までに注文されなければならない。

空欄の前には be 動詞, 主語の位置には product（商品）がある。過去分詞の (C) ordered を入
れれば「注文されなければならない」という受動態が完成する。(A) order は「注文する」とい
う動詞か「注文」という名詞。(B) ordering は動詞の -ing 形, (D) orders は動詞の三人称単数形,
もしくは名詞の複数形。

重要語彙 　□ product：製品　□ must *do*：～しなければならない　□ order：～を注文する
　　　　　□ by + 時：～までに

Because of the building inspection, the office is closed today.
　　　　　　　名詞のかたまり

(A)　In case　　　　　　(C)　Provided that

(B)　Because of　　　(D)　Otherwise　　　　☞ 空欄の後ろにあるのは名詞 or 文？

建物の検査のため，今日オフィスは閉まっている。

空欄の後ろには the building inspection（建物検査）という名詞のかたまりがある。この名詞を支えることのできる前置詞の (B) Because of（〜が原因で）が正答。(A) In case（万一に備えて）と (C) Provided that（もし〜なら）は接続詞，(D) Otherwise（さもないと）は副詞。

重要語彙 🖉 □ building：建物　□ inspection：検査　□ closed：閉まっている

Ms. Wu **has seen** the report and would like to discuss it during the next board
主語（三人称単数）　　　　　　目的語

meeting.

(A)　see　　　　　　　　(C)　seen

(B)　seeing　　　　　　**(D)　has seen**　　　　☞ 主語に注目！

ウーさんは報告書を見て，次の取締役会議でそれについて話し合いたいと思っている。

空欄前の Ms. Wu の後ろには動詞がないので動詞が入る。主語は三人称単数なので (D) has seen が正答。(A) see を入れるには三人称単数形の -s が必要。(B) seeing は -ing 形，(C) seen は過去分詞。

重要語彙 🖉 □ report：報告書　□ would like to *do*：〜したい　□ discuss：〜について話し合う
　　　　　　□ board meeting：取締役会

Attendance (at the administrational conference in Paris) exceeded 12,000 this
主語　　　　　　　　　　　　　　　　　　　　　　　　　　　　　　動詞

year.

(A)　Attendant　　　　　(C)　Attending

(B)　Attendee　　　　　**(D)　Attendance**　　　☞ 動詞の部分に注目！

パリの管理職会議の出席者数は今年 1 万 2 千人を超えた。

空欄には文全体の主語になる名詞が入る。動詞の部分を見ると exceeded 12,000（1 万 2 千を超えた）とある。よって，ここには (D) Attendance（出席者数）が入る。(A) Attendant は「案内係」，(B) Attendee は「出席者」，(C) Attending は動詞 attend（〜に出席する）の -ing 形。

重要語彙 🖉 □ administrational：管理職の　□ exceed：〜を超える

模試 1 解答・解説

87

62.　正答：A　　　　　　　　　　　　　　　　　　　　　相関接続詞

The new project requires extensive interaction **both** inside **and** out.

(A) both　　　　　　　(C)　not only

(B)　neither　　　　　　　(D)　either　　　　☞ **相関接続詞は相方を見つける！**

新しいプロジェクトは内部と外部の幅広い相互作用を必要としている。

空欄の後ろには inside and outside という *A* and *B* の形がある。よって，ここに both *A* and *B*（*A* も *B* も）という形をとる (A) both を入れればよいとわかる。

重要語彙 □ require：〜を要求する　□ extensive：幅広い　□ interaction：相互作用
　　　　　□ inside：内側　□ outside：外側

63.　正答：C　　　　　　　　　　　　　　　　　　　　　　　　品詞

The MG Clothing Company offers **considerably** lower prices for its clothes.
　　　　　　　　　　　　　　　　　　　　　形容詞

(A)　considers　　　　　　**(C) considerably**

(B)　considerable　　　　　(D)　consideration　　☞ **空欄の後ろの語に注目！**

MG クロージング社は，とても低い価格で衣服を提供している。

空欄の後ろには形容詞 lower（より低い）がある。形容詞を修飾するのは副詞なので，副詞の (C) considerably（かなり・とても）が正答。(A) considers は動詞 consider（〜を考慮する）の三人称単数形，(B) considerable（かなりの）は形容詞，(D) consideration（考慮）は名詞。

重要語彙 □ offer：〜を提供する　□ price：値段　□ clothes：服

64.　正答：B　　　　　　　　　　　　　　前置詞 vs. 接続詞 vs. 副詞

During her vacation, Svea Holtz visited Japan and Korea.
　　　　　名詞のかたまり

(A)　While　　　　　　　　(C)　Although

(B) During　　　　　　　(D)　Additionally　☞ **空欄の後ろにあるのは名詞 or 文？**

休暇中にスウェア・ホルツさんは日本と韓国を訪れた。

空欄の後ろには名詞 her vacation がある。名詞を支えることのできる前置詞の (B) During（〜の間に）が正答。(A) While（〜の間に・〜だが），(C) Although（〜だが）は接続詞，(D) Additionally（さらに）は副詞。

重要語彙 □ vacation：休暇　□ visit：〜を訪れる

65. 正答：A   動詞の形

We are **pleased** to inform you that we would like to offer you our management
主語

position.

(A) pleased   (C) pleasing

(B) please   (D) pleasure   ☞ **主語に注目！**

管理職の仕事をオファーしたいと思っておりますことを喜んでお知らせいたします。

空欄の前には主語の We と be 動詞，後ろには to 不定詞がある。(A) pleased を入れれば《人 +
be pleased to do》（〔人〕は喜んで～する）ができる。(C) pleasing（心地よい）は主語にその感
情を与える原因がくる。(B) please（～を喜ばせる）は動詞，(D) pleasure（楽しみ）は名詞。

重要語彙 □ inform A that ... : A に～だと伝える   □ would like to do : ～したい
         □ offer A B : A に B をオファーする   □ management position : 管理職

66. 正答：D   品詞

The employees who plan to take a paid vacation must **clearly** tell their supervisors
                                              助動詞   動詞

the exact days they will be out of the office.

(A) clear   (C) cleared

(B) clears   **(D) clearly**   ☞ **空欄の位置に注目！**

有給休暇を取る予定の社員は，会社にいない正確な日程を上司にはっきりと伝えなければならない。

空欄は助動詞の must と動詞の tell の間にある。副詞の (D) clearly（はっきり）が正答。(A)
clear は形容詞で「明らかな」，動詞で「～を取り除く」という意味。(B) clears は動詞の三人称
単数形，(C) cleared は過去形・過去分詞。

重要語彙 □ employee : 社員   □ plan to do : ～する予定だ   □ take a vacation : 休暇を取る
         □ paid vacation : 有給休暇   □ supervisor : 上司   □ exact : 正確な   □ out of the
         office : オフィスにいない

67. 正答：C   時制

Three years ago, Mr. Sakata **left** our company.
過去を表す印

(A) leaves   **(C) left**

(B) will leave   (D) has left   ☞ **時間表現に注目！**

---

3 年前，サカタさんは当社を退社した。

文頭に Three years ago（3 年前に）という過去を表す印があるので，過去形の (C) left が正答。
(A) leaves は現在形，(B) will leave は未来形，(D) has left は現在完了形。

重要語彙 □ leave : ～を出る

Customer files **are usually** stored in the filing cabinet near the printer.
現在形（保管されている）

(A) previously　　　　　　**(C) usually**

(B) slightly　　　　　　　(D) widely　　　　　　　☞ 時制に注目！

顧客のファイルは，通常プリンタ近くのファイルキャビネットに保管されている。

空欄の前には are 後ろには stored（保管される）がある。これを適切に修飾できるのは (C) usually（たいてい・通常）。(A) previously（以前）は過去形と共に使う。(B) slightly（わずかに），(D) widely（広く）では意味が通らない。

重要語彙　□ customer：顧客　□ store：〜を保管する　□ filing cabinet：ファイルキャビネット
　　　　　□ near ...：〜の近くに　□ printer：プリンタ

Candidates (for the position) **are required** to have five years of experience in
人（応募者）　　　　　　　　　　　　　　to 不定詞

management.

(A) require　　　　　　　(C) have required

(B) required　　　　　　　**(D) are required**　　　☞ 空欄の後ろの形に注目！

その職への応募者は，5 年の管理職経験が必要である。

空欄の後ろには to 不定詞が続いている。require が不定詞をとる場合は《require + 人 + to do》（〔人〕に〜するよう要求する）か《人 + be required to do》（〔人〕は〜するよう要求される）になる。今回は後ろに to 不定詞があるだけなので受け身の (D) are required が正答。

重要語彙　□ candidate：候補者　□ position：職　□ experience：経験　□ management：管理・経営

Employees [**who** want to attend the training seminar] must sign up before May 29.
人（複数）　　　動詞

(A) which　　　　　　　　(C) where

(B) who　　　　　　　　(D) when　　　☞ 関係詞のかたまりが修飾する相手は？

トレーニング・セミナーに参加したい社員は 5 月 29 日より前に登録しなければなりません。

空欄の前は Employees（社員），後ろは動詞 want なので，人を修飾する (B) who が正答。(A) which は人以外を修飾する。(C) where は場所，(D) when は時間を修飾する関係副詞。

重要語彙　□ employee：社員　□ attend：〜に出席する　□ training seminar：トレーニングセミナー・講習会　□ sign up：登録する

71. 正答：C　　　　　　　　　　　　　　　　　　　　　　　　　　**主述の一致**

Donations [for the museum] are accepted at the Pacific Supermarket.
　　　　　　　　　　　　　　複数を受ける動詞

(A) Donator　　　　　　　**(C) Donations**

(B) Donation　　　　　　(D) Donating　　　　　　　　☞ be 動詞に注目！

美術館への寄付はパシフィック・スーパーマーケットで受け付けています。

動詞は are accepted なので主語になる名詞は複数形 (-s)。(C) Donations が正答。(B) Donation（寄付）と (A) Donator（寄付する人）は単数形，(D) Donating は donate（寄付する）の -ing 形。

重要語彙 🖊 □ museum：美術館・博物館　□ accept：〜を受け付ける

72. 正答：B　　　　　　　　　　　　　　　　　　　　　　　　　　**相関接続詞**

Not only the mayor of Sacramento **but** also the governor of California participated
in the annual film festival.

(A) then　　　　　　　　(C) or

(B) but　　　　　　　　(D) both　　　　　　☞ 相関接続詞は相方を探す！

サクラメント市長だけでなくカリフォルニア知事も毎年恒例の映画祭に参加した。

文頭には Not only，空欄の後ろには also があるので，but を入れて not only A but also B（A だけでなく B も）の形を作ればよい。

重要語彙 🖊 □ mayor：市長　□ also：〜もまた　□ governor：知事　□ participate in ...：〜に参加する　□ annual：年に 1 度の　□ festival：祭り

73. 正答：A　　　　　　　　　　　　　　　　　　　　　　　　　　**語彙**

Ms. Jackson **granted** Mr. Son a raise based on his excellent performance during
　　　　　　　与える　　　　〜に　　　・〜を

the last fiscal year.

(A) granted　　　　　　(C) practiced

(B) recalled　　　　　　(D) surprised　　　　☞ 空欄の後ろに名詞はいくつ？

ジャクソンさんは，先の会計年度のすばらしい業績に基づきサンさんに昇給を与えた。

空欄の後ろには Mr. Son（サンさん）と a raise（昇給）という 2 つの名詞がある。選択肢の中で後ろに名詞を 2 つ置けるのは (A) grant *A B*（A に B を与える）だけ。(B) recall は「〜を思い出す」，(C) practice は「〜を練習する・〜を実行する」，(D) surprise は「〜を驚かせる」という意味。

重要語彙 🖊 □ raise：昇給　□ be based on ...：〜に基づく　□ excellent：すばらしい　□ performance：業績　□ during ...：〜の間　□ fiscal year：財政年度

Every clerk (working for Saveways Supermarket) **has** to be cordial and courteous.
主語（三人称単数）

(A)　have 　　　　　　　　　　(C)　having

(B) has 　　　　　　　　　　(D)　to have 　　　　　☞ **主語の形に注目！**

セイブウェイズ・スーパーマーケットで働いているすべての店員は，誠意を持ち礼儀正しくなければならない。

問題文には動詞がないので空欄には動詞が入る。よって -ing 形の (C) や to 不定詞の (D) は正答にならない。文全体の主語は Every clerk という三人称単数形なので has が正答。

重要語彙 □ every：すべての〜　□ clerk：店員　□ cordial：誠意のある　□ courteous：礼儀正しい

A **pleasant** working environment is essential to workers' well-being.
　　　　　　　　名詞

(A)　surprised 　　　　**(C)　pleasant**

(B)　confident 　　　　(D)　distracted 　　☞ **空欄の後ろにある名詞を修飾できるのは？**

快適な職場環境は，社員の健康に欠かせない。

空欄の後ろには working environment（職場環境）という名詞がある。これを適切に修飾できる形容詞は (C) pleasant（快適な）。(A) surprised（驚いた），(B) confident（自信のある），(D) distracted（気の散った）は基本的に人を修飾する。

重要語彙 □ working environment：職場環境　□ essential：欠かせない　□ well-being：健康

Despite the great location, the restaurant has seen a decline in the number of
　　　　　　名詞のかたまり

customers.

(A)　While 　　　　　　　　　(C)　In case

(B)　Even if 　　　　　　　**(D) Despite** 　　☞ **空欄の後ろにあるのは名詞 or 文？**

すばらしい立地条件にもかかわらず，そのレストランは客の数が減っている。

空欄の後ろには the great location という名詞のかたまりがある。よって，名詞を支えることのできる前置詞の (D) Despite（〜にもかかわらず）が正答。(A) While（〜の間に・〜だが），(B) Even if（たとえ〜でも），(C) In case（万一に備えて）は接続詞。

重要語彙 □ location：位置　□ restaurant：レストラン　□ decline：減少　□ customer：客

77.　正答：A　　　　　　　　　　　　　　　　　　　　　　　　　　　**語彙**

Only MGS employees are **allowed** to use the equipment in this room.
　　　　　　　　　　　be 動詞　　　to 不定詞

(A) allowed　　　　　(C)　limited

(B)　decided　　　　　　(D)　repeated　　　　　☞ **空欄の前後の形に注目！**

MGS 社員のみがこの部屋の機器を使うことが許可されている。

空欄の前には be 動詞の are，後ろには to use という to 不定詞がある。ここに (A) allowed を入れて be allowed to *do*（〜することを許されている）という形にすればよい。(B) decide（決める）は decide to *do*（〜すると決める），(C) limit（〜を制限する）は be limited to ...（〜に制限される）という形をとることはできる。repeat は「〜を繰り返す」という意味。

重要語彙　□ employee：社員　□ use：〜を使う　□ equipment：機器

78.　正答：D　　　　　　　　　　　　　　　　　　　　　　　　　　　**語彙**

Poca Foods, Inc., is in charge of the manufacture and **distribution** (of its
　　　　　　　　　　　　　　　　　　　　名詞　　　　　　　　前置詞句
products).

(A)　foundation　　　　(C)　competition

(B)　exception　　　　　**(D) distribution**　　　　☞**and が並べているのは？**

ポカ・フーズ社は，製品の製造と流通の責任を負っている。

空欄の後ろには of its products（製品の），さらに and の前には manufacture（製造）がある。ここに (D) distribution（流通）を入れると「製品の製造と流通」となり意味が通る。(A) foundation は「設立・基礎」，(B) exception は「例外」，(C) competition は「競争」という意味。

重要語彙　□ be in charge of ...：〜の責任がある　□ manufacture：製造　□ product：製品

79.　正答：B　　　　　　　　　　　　　　　　　**前置詞 vs. 接続詞 vs. 副詞**

Asia is suffering from poor crops this year **because** the weather conditions are
　　　　　　　　　　　　　　　　　　　　　　　　　　　主語　　　　　　動詞
extremely bad.

(A)　even　　　　　　　(C)　during

(B) because　　　　　(D)　among　　　☞ **空欄の後ろにあるのは名詞 or 文？**

天候が非常に悪かったため，アジアは今年，不作に苦しんでいる。

空欄の後ろには主語 + 動詞（the ... conditions are）があるので接続詞の (B) because（〜なので）が正答。(A) even（〜さえ）は副詞，(C) during（〜の間）と (D) among（〜の間で）は前置詞。

重要語彙　□ suffer from ...：〜に苦しむ　□ poor：乏しい　□ crop：収穫高　□ weather：天候
　　　　　□ condition：状態　□ extremely：非常に

The new system turned out to be very **effective**.

be 動詞＋副詞

(A)　effect

(C)　effectively

(B) effective

(D)　effects

☞ **空欄の前の２語に注目！**

新しいシステムはとても効果的だとわかった。

空欄の前には very（とても）という副詞があるので空欄には形容詞か副詞が入る。さらにその前には be 動詞があるので，この後ろに置ける形容詞 (B) effective（効果的な）が正答だとわかる。(A) effect（効果）は名詞，(D) effects はその複数形，(C) effectively（効果的に）は副詞。

重要語彙 🖊 □ turn out to be ... : ～だとわかる

模試2
ヒントなし

LISTENING TEST

In the Listening test, you will be asked to demonstrate how well you understand spoken English. The entire Listening test will last approximately 45 minutes. There are four parts, and directions are given for each part. You must mark your answers on the separate answer sheet. Do not write your answers in your test book.

Part 1

Directions: For each question in this part, you will hear four statements about a picture in your test book. When you hear the statements, you must select the one statement that best describes what you see in the picture. Then find the number of the question on your answer sheet and mark your answer. The statements will not be printed in your test book and will be spoken only one time.

Sample Answer
Ⓐ   Ⓑ   ●   Ⓓ

Example

Statement (C), "They're standing near the table," is the best description of the picture, so you should select answer (C) and mark it on your answer sheet.

1.

57

 2.

58

GO ON TO THE NEXT PAGE

5.
61

6.
62

GO ON TO THE NEXT PAGE

模試2

7.

63

8.

64

100

◎ **9.**
65

◎ **10.**
66

GO ON TO THE NEXT PAGE

模試
2

Part 2

Directions: You will hear a question or statement and three responses spoken in English. They will not be printed in your test book and will be spoken only one time. Select the best response to the question or statement and mark the letter (A), (B), or (C) on your answer sheet.

Sample Answer

Example   Ⓐ ● Ⓒ

You will hear: Where is the meeting room?

You will also hear: (A) To meet the new director.
                      (B) It's the first room on the right.
                      (C) Yes, at two o'clock.

The best response to the question "Where is the meeting room?" is choice (B), "It's the first room on the right," so (B) is the correct answer. You should mark answer (B) on your answer sheet.

11. Mark your answer on your answer sheet.

12. Mark your answer on your answer sheet.

13. Mark your answer on your answer sheet.

14. Mark your answer on your answer sheet.

15. Mark your answer on your answer sheet.

16. Mark your answer on your answer sheet.

17. Mark your answer on your answer sheet.

18. Mark your answer on your answer sheet.

19. Mark your answer on your answer sheet.

20. Mark your answer on your answer sheet.

21. Mark your answer on your answer sheet.

22. Mark your answer on your answer sheet.

23. Mark your answer on your answer sheet.

24. Mark your answer on your answer sheet.

25. Mark your answer on your answer sheet.

26. Mark your answer on your answer sheet.

27. Mark your answer on your answer sheet.

28. Mark your answer on your answer sheet.

29. Mark your answer on your answer sheet.

30. Mark your answer on your answer sheet.

31. Mark your answer on your answer sheet.

32. Mark your answer on your answer sheet.

33. Mark your answer on your answer sheet.

34. Mark your answer on your answer sheet.

35. Mark your answer on your answer sheet.

36. Mark your answer on your answer sheet.

37. Mark your answer on your answer sheet.

38. Mark your answer on your answer sheet.

39. Mark your answer on your answer sheet.

40. Mark your answer on your answer sheet.

模試2

GO ON TO THE NEXT PAGE

READING TEST

In the Reading test, you will read a variety of texts and answer several different types of reading comprehension questions. The entire Reading test will last 75 minutes. There are three parts, and directions are given for each part. You are encouraged to answer as many questions as possible within the time allowed.

You must mark your answers on the separate answer sheet. Do not write your answers in the test book.

PART 5

Directions: A word or phrase is missing in each of the sentences below. Four answer choices are given below each sentence. Select the best answer to complete the sentence. Then mark the letter (A), (B), (C), or (D) on your answer sheet.

41. Mr. Lee will be available to sign copies of ------- new book after the speech.
    (A) he
    (B) himself
    (C) him
    (D) his

42. Discounts can remarkably ------- the cost of manufacturing.
    (A) reduce
    (B) reducing
    (C) reduces
    (D) reduced

43. Tickets can be purchased either online ------- by phone.
    (A) and
    (B) or
    (C) but
    (D) so

44. The initial consultation is ------- free of charge.

(A) completely

(B) successively

(C) extremely

(D) gradually

45. This year's managerial convention ------- was held in Toronto was very useful for our managers.

(A) who

(B) when

(C) why

(D) which

46. The marketing team ------- next week.

(A) assemble

(B) will assemble

(C) to assemble

(D) assembled

47. Fees must be paid to the ------- immediately.

(A) technician

(B) technical

(C) technique

(D) technically

48. HGH, Inc., ------- more than 20 employees.

(A) was recruited

(B) is being recruited

(C) has recruited

(D) to recruit

GO ON TO THE NEXT PAGE

49. As of October 2, all the workers have to ------- their working hours electronically.

(A) praise

(B) record

(C) raise

(D) accord

50. Mr. Ha's new job ------- him to travel on business a lot.

(A) to require

(B) require

(C) requiring

(D) requires

51. Employees have to submit expense ------- every month.

(A) report

(B) reports

(C) reporter

(D) reported

52. ------- Mr. Frasier is a new research analyst, he has already shown his strong leadership.

(A) Although

(B) Despite

(C) But

(D) However

53. Employees ------- to register for the workshop.

(A) advised

(B) have advised

(C) are advised

(D) advising

54. ------- to the upcoming workshop have been sent to all the employees.

(A) Invite
(B) Inviting
(C) Invitation
(D) Invitations

55. The new accounting system will be introduced in ------- branch in Chicago next month.

(A) all
(B) some
(C) every
(D) many

56. Mr. Sperandio is going to Hamburg, but Ms. Marinier may join -------.

(A) he
(B) his
(C) him
(D) himself

57. ------- rain is expected to continue until the end of the week.

(A) Deep
(B) Thick
(C) Fast
(D) Heavy

58. ------- the bad weather, Mr. Okamura arrived in Dubai on schedule.

(A) As well as
(B) In spite of
(C) In order to
(D) Now that

模試
2

GO ON TO THE NEXT PAGE

59. Tanja Ohnesorg ------ in charge of the sports section of the *San Francisco Examine* until 2009.

(A) was

(B) are

(C) has been

(D) being

60. The engine needs to be cleaned -------.

(A) repeat

(B) repeated

(C) repeatedly

(D) repetition

61. The manager was ------- with the result of the project.

(A) satisfy

(B) satisfied

(C) satisfying

(D) satisfaction

62. Employees who would like to attend the annual seminar must submit the application form no ------- than May 18.

(A) late

(B) later

(C) latest

(D) lately

63. Last year's fundraising event was the most ------- to date.

(A) overall

(B) amazed

(C) successful

(D) diligent

64. All the members of the project team are required to ------- the meeting which will be held next week.

(A) attend
(B) participate
(C) arrive
(D) come

65. Our operation system is very -------.

(A) reliable
(B) reliably
(C) reliance
(D) relied

66. Proper training and ------- are indispensable for the prosperity of the company.

(A) communicate
(B) communicative
(C) communicatively
(D) communication

67. The president was ------- by Mr. Huang's excellent management skills.

(A) impressed
(B) impressive
(C) impression
(D) impressing

68. The Board wants ------- statistics that show the current company's situation.

(A) seeing
(B) seen
(C) to see
(D) see

GO ON TO THE NEXT PAGE

模試 2

69. The revenue of MakDrid, Inc., has risen significantly this year ------- the Marketing Division's collective efforts.

(A) due to

(B) even if

(C) because

(D) when

70. The bridge spans the sea ------- San Francisco and East Bay.

(A) not only

(B) between

(C) either

(D) neither

71. Because the movie *Days Off* is such a hit, ------- are expecting more people to go to the movie theaters.

(A) we

(B) our

(C) us

(D) ourselves

72. It is the ------- of Mr. Kim to send invitations for our annual convention.

(A) respond

(B) responsible

(C) responsibly

(D) responsibility

73. Madison, Inc., has ------- implemented its new dress code.

(A) strict

(B) strictness

(C) strictures

(D) strictly

74. Professors from ------- universities will talk about the current international economic problems at the seminar.

(A) variety

(B) various

(C) variably

(D) varies

75. Dr. Usuki made a very ------- presentation at the conference held in San Diego.

(A) inform

(B) information

(C) informer

(D) informative

76. Please ------- from taking pictures in the museum.

(A) prevent

(B) refrain

(C) derive

(D) bring

77. Mr. Celosia's exceptional skills in solving financial problems have led him to his current ------- as CFO.

(A) increase

(B) promotion

(C) position

(D) interest

78. Santamaria Consulting is famous for offering proper instruction and ------- to its customers.

(A) suggest

(B) suggestions

(C) suggesting

(D) suggested

模試2

GO ON TO THE NEXT PAGE

79. Franziska Chaves ------- our company as a sales representative when it was still relatively small.

(A) joins

(B) will join

(C) joined

(D) has joined

80. According to the survey, most employees check their e-mail ------- even at home.

(A) regular

(B) regulate

(C) regulation

(D) regularly

易 **(A) She's pushing a cart.**

(B) She's <u>talking</u> on the phone.

(C) She's <u>getting in</u> a <u>car</u>.

(D) She's <u>buying</u> a bag.

(A) 彼女はカートを押している。

(B) 彼女は電話で話している。

(C) 彼女は車に乗り込んでいる。

(D) 彼女はカバンを買っている。

☞ **動作に注目！**

女性がカートを押している。これを素直に描写した (A) が正答。その他の選択肢はすべて動作が間違っている。(C) は cart（カート）に音が似ている car（車）を使ったひっかけ。(D) の bag は写っているモノのひっかけ。

重要語彙 🖊 □ push：〜を押す □ cart：カート □ talk on the phone：電話で話す
□ get in a car：車に乗る

普 (A) People are crossing the <u>bridge</u>.

(B) <u>Trucks</u> are parked on the road.

(C) People are <u>entering</u> the building.

(D) People are walking on the street.

(A) 人々は橋を横断している。

(B) トラックが道に止まっている。

(C) 人々は建物に入っているところだ。

☞ **共通の動作に注目！**

(D) 人々は道を歩いている。

大勢の人が道を横断している。「人々が道を歩いている」と描写した (D) が正答。(A) は動作は合っているが，橋は写っていない。(B) のトラックは写っていない。(C) は建物は写っているが建物に入っている人は見えない。

重要語彙 🖊 □ cross：〜を横断する □ bridge：橋 □ park：〜を停車する □ enter：〜に入る
□ building：建物 □ walk：歩く

3. 正答：A 　　　　　　　　　　複数の人が写っている 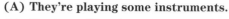 TRACK 59

(A) They're playing some instruments.

(B) They're <u>walking</u> down the street.

(C) They're sitting on the <u>bucket</u>.

(D) They're <u>putting on</u> hats.

(A) 彼らは楽器を演奏している。

(B) 彼らは道を歩いている。

(C) 彼らはバケツに座っている。　　　　　　　☞ 共通の動作に注目！ グループ

(D) 彼らは帽子をかぶっているところだ。　　　　　　の名前に注意！

複数の人が楽器を演奏している。これを適切に描写している (A) が正答。(B) は動作が違う。(C) は座っているのはバケツではなくイスなので間違い。(D) は putting on が wearing であれば正答。

重要語彙 □ instrument：楽器 □ walk down the street：道を歩く □ sit on ...：〜に座る
□ bucket：バケツ □ hat：帽子

---

4. 正答：C 　　　　　　　　　　人が写っていない 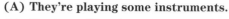 TRACK 60

(A) Cars are <u>moving</u> in the same direction.

(B) <u>People</u> are getting on a bus.

(C) The bicycle is leaning on the sign.

(D) <u>Cyclists</u> are standing on the curb.

(A) 車は同じ方向に移動している。

(B) 人々がバスに乗り込んでいる。

(C) 自転車が標識にもたれかかっている。　　　　　☞ モノの配置に注目！

(D) サイクリストたちは縁石に立っている。

自転車が標識に立てかけられている写真。これを lean on（〜にもたれかかる）という動詞を使って表した (C) が正答。人は写っていないので，(B) や (D) は正答にならない。車は動いていないので，(A) は間違い。

重要語彙 □ move：動く □ same：同じ □ direction：方向 □ get on ...：〜に乗り込む
□ bus：バス □ bicycle：自転車 □ lean on ...：〜に寄りかかる
□ cyclist：サイクリスト □ curb：縁石

模試2 解答・解説

普 (A) One man is putting his bag on the overhead compartment.

(B) One man is folding a shirt.

(C) Some people are buying tickets.

(D) Some people are getting on the train.

(A) 1 人の男性がかばんを荷物棚に置いているところだ。

(B) 1 人の男性がシャツをたたんでいる。

(C) 何人かの人がチケットを買っている。

☞ **動作に注目！**

(D) 何人かの人が電車に乗り込んでいるところだ。

数人の人が電車に乗り込んでいる。(D) が正答。その他の選択肢はすべて動作が間違っている。(A) は電車内，(C) は駅という場面から想像されるひっかけ。

重要語彙 ✐　□ put A on B：A を B に置く　□ bag：かばん・バッグ　□ overhead compartment：（電車や飛行機の）荷物を入れる棚　□ fold：〜をたたむ　□ shirt：シャツ　□ buy：〜を買う　□ ticket：チケット　□ get on ...：〜に乗り込む

普 **(A) Some people are sitting on the stairs.**

(B) All the windows of the museum are open.

(C) One man is cleaning a statue.

(D) The stage is being set up.

(A) 何人かの人が階段に座っている。

(B) 美術館のすべての窓が開いている。

(C) 1 人の男性が像を掃除している。

☞ **動作に注目！**

(D) ステージが設置されているところだ。

人々が美術館の階段に座っている写真。これを適切に描写した (A) が正答。(B) は窓や美術館，(C) は statue（像）が写っているモノを使ったひっかけになっている。(D) は stage（ステージ）が写っていないので正答にはならない。

重要語彙 ✐　□ sit on ...：〜に座る　□ stairs：階段　□ all：すべての　□ window：窓　□ museum：美術館・博物館　□ clean：〜を掃除する　□ statue：像　□ stage：ステージ　□ set up：〜を設置する

7.　正答：B　　　　　　　　　　　　複数の人が写っている　　🔘 TRACK 63

(A) The clerk is opening a box.

(B) The customer is paying.

(C) They're shaking hands.

(D) One woman is using a calculator.

(A) 店員が箱を開けている。

(B) 客がお金を払っている。

(C) 彼女たちは握手をしている。　　　　　　　　　　☞ 動作に注目！

(D) 1人の女性が電卓を使っている。

客が店員にお金を払っている。(B) が正答。その他はすべて動作が間違っている。握手をしている写真だと勘違いすると (C) を選んでしまう。

重要語彙　　□ clerk：店員　□ open：〜を開ける　□ box：箱　□ customer：客　□ pay：支払う
□ shake hands：握手をする　□ use：〜を使う　□ calculator：電卓

8.　正答：D　　　　　　　　　　　　1人の人が写っている　　🔘 TRACK 64

(A) The man is sitting with his legs crossed.

(B) The man is looking in a mirror.

(C) The man is carrying a computer.

(D) The man is facing a screen.

(A) 男性は足を組んで座っている。

(B) 男性は鏡を見ている。

(C) 男性はコンピュータを運んでいる。

(D) 男性はスクリーンを見ている。

☞ 動作，視線に注目！

男性がコンピュータを使っている。「スクリーンを見ている」と描写している (D) が正答。(A) は，足を組んではいるが座っていない。(B) は鏡が写っていないので正答にならない。(C) は写真にある computer（コンピュータ）を使ったひっかけ。

重要語彙　　□ sit：座る　□ with *one's* legs crossed：〜の足を組んだ状態で　□ look in a mirror：鏡を見る　□ carry：〜を運ぶ　□ computer：コンピュータ　□ face：〜を直視する・〜に面する　□ screen：スクリーン

模試 2　解答・解説

117

難 (A)　A parasol is being folded.

(B)　A man is pushing a cart.

(C) Some chairs are piled up.

(D)　Chairs are being loaded on the truck.

(A) パラソルが折りたたまれているところだ。

(B) 男性がカートを押している。

(C) いくつかのイスが積み重ねられている。

(D) イスがトラックに積まれているところだ。

☞ 受け身の進行形に注意！

イスが積んである。これを be piled up（積み重ねられている）を使って表した (C) が正答。(A) はパラソル, (B) はカートが写っているモノを使ったひっかけになっている。(D) は load（〔荷物〕を積む）という動詞を使ったひっかけ。

 重要語彙　　☐ parasol：パラソル　☐ fold：〜をたたむ　☐ push：〜を押す　☐ cart：カート
　　　　　　　☐ chair：イス　☐ pile up：〜を積み重ねる　☐ load：〜を積む　☐ truck：トラック

難 (A)　People are swimming in the ocean.

(B) There are tall buildings in the distance.

(C)　Boats are under the bridge.

(D)　People are boarding a ship.

(A) 人々が海で泳いでいる。

(B) 遠くに高層ビルがある。

(C) ボートが橋の下にある。

(D) 人々が船に搭乗しているところだ。

☞ 目立つモノが正答になるとは
限らない！

ボートが停泊しており, 遠くに高層ビルが写っている。ボートでなくビルについて述べている (B) が正答。(A) は ocean（海）, (C) は boat（ボート）, (D) は ship（船）がひっかけになっている。

重要語彙　　☐ swim：泳ぐ　☐ ocean：海　☐ tall：高い　☐ building：建物
　　　　　　　☐ in the distance：遠くに　☐ boat：ボート　☐ under ...：〜の下に　☐ bridge：橋
　　　　　　　☐ board：〜に搭乗する　☐ ship：船

11. 正答：B　　　　　　　　　　　WH 疑問文　　◎ TRACK 68

When is Mr. Ota coming to New York?	いつオオタさんはニューヨークに来ますか。
(A) By bus.	(A) バスでです。
(B) Tomorrow night.	**(B) 明日の夜です。**
(C) It's a nice city.	(C) そこはとてもいい町です。

☞ 出だしを聞き逃さない！

出だしの When が聞き取れれば正答できる問題。時間を答えているのは (B) だけ。(A) は How（どのように）に対する返事。(C) は New York という町の名前が出てきているので，ここだけ聞き取った人をひっかけるための選択肢。

重要語彙 □ by ＋手段：〜で

12. 正答：A　　　　　　　　　　　WH 疑問文　　◎ TRACK 69

Who will send this package?	誰がこの小包を送るのですか。
(A) I'm going to do it now.	**(A) 私が今からします。**
(B) Yes, he did.	(B) はい，彼がしました。
(C) The TV was delivered.	(C) テレビは配達されました。

☞ 出だしを聞き逃さない！ WH 疑問文に Yes/No は×

Who（誰）と尋ねているのに対して I'm going to do it（私がする）と答えている (A) が正答。(B) は WH に対して Yes で答えているので正答にならない。(C) は deliver（〜を送る）が send（〜を送る）の連想語になっている。

重要語彙 □ send：〜を送る　□ package：小包　□ deliver：〜を送る・配達する

13. 正答：A　　　　　　　　　　　WH 疑問文　　◎ TRACK 70

Why is Jake late for work today?	ジェイクはなぜ今日仕事に遅れているのですか。
(A) He missed the bus.	**(A) 彼はバスに乗り遅れました。**
(B) No, it's Sunday.	(B) いいえ，日曜日です。
(C) See you later.	(C) ではまた。

☞ 出だしを聞き逃さない！ WH 疑問文に Yes/No は×

なぜ仕事に遅れているのかという質問文に対して，「バスを逃した」と理由を答えている (A) が正答。(B) は WH 疑問文に対して No と答えているので正答にならない。(C) は質問文の late と音が似ている later を使ったひっかけ。

重要語彙 □ be late for ...：〜に遅れる　□ work：仕事　□ today：今日　□ miss：〜に乗り遅れる
□ bus：バス　□ later：後で

　　　　　　　　　　　　　　　WH 疑問文　🎧 TRACK **71**

Where is the new copy machine?

(A)　Next week.

(B)　It's on the second floor.

(C)　I prefer coffee.

新しいコピー機はどこですか。

(A) 来週です。

(B) 2 階にあります。

(C) コーヒーのほうがいいです。

☞ 出だしを聞き逃さない！

どこにコピー機があるのかを尋ねている質問文に対し，「2 階」と場所を答えている (B) が正答。
(A) は When（いつ）に対する答え。(C) は copy と音の似ている coffee を使ったひっかけ。

重要語彙 ✎ □ copy machine：コピー機　□ next week：来週　□ second：2 つ目の　□ floor：床・階
　　　　　□ prefer：〜のほうが好きだ　□ coffee：コーヒー

　　　　　　　　　　　　　　　WH 疑問文　🎧 TRACK **72**

What time will Ms. Holtz arrive?

(A)　From the airport.

(B)　Four o'clock in the afternoon.

(C)　Three times a week.

ホルツさんは何時に着きますか。

(A) 空港からです。

(B) 午後 4 時です。

(C) 週に 3 回です。

☞ 出だしを聞き逃さない！

What time（何時）という部分が聞きとれれば，時間を答えている (B) を選ぶことができる。(A)
は場所を答えているのでダメ。(C) にも数字が出てくるが，... times は時間ではなく回数を表す。

重要語彙 ✎ □ arrive：到着する　□ from ...：〜から　□ airport：空港　□ ... o'clock：〜時
　　　　　□ in the afternoon：午後に　□ A times a B：B につき A 回

　　　　　　　　　　　　　　　付加疑問文　🎧 TRACK **73**

Maria lives in Seoul, doesn't she?

(A)　It's in the living room.

(B)　No, it's not time to leave yet.

(C)　Yes, she's been there for a few
　　　years now.

マリアはソウルに住んでいますよね？

(A) それはリビングルームにあります。

(B) いいえ，まだ出発する時間ではありません。

(C) はい，数年になります。

☞ 付加疑問文は付加された部分をカットする

マリアがソウルに住んでいるかを尋ねている質問文に対して，数年と答えている (C) が正答。
(A) の living，(B) の leave は質問文にある live の音のひっかけ。

重要語彙 ✎ □ live in ...：〜に住む　□ living room：リビングルーム　□ time to do：〜する時間だ
　　　　　□ leave：出発する　□ not ... yet：まだ〜ない　□ for + 時間：〜間

17. 正答：B　　　　　　　　　　　　　　　　Yes/No 疑問文　🎧 TRACK 74

Are you going to the banquet?	祝宴に行きますか。
(A)　The bank is too far.	(A) 銀行は遠すぎます。
(B)　Yes, I'll be there.	**(B) はい，行きます。**
(C)　By next Friday.	(C) 来週の金曜日までです。

☞ 音のひっかけ・連想語に注意！

祝宴に行くかという質問に，「そこにいます（＝行きます）」と答えている (B) が正答。(A) の bank（銀行）は banquet（祝宴）との音のひっかけ。(C) は When（いつ）に対する答え。

重要語彙　□ be going to *do*：〜する予定だ　□ banquet：祝宴　□ bank：銀行　□ too ...：〜すぎる
　　　　　□ far：遠い　□ there：そこに

18.　正答：C　　　　　　　　　　　　　　　　　WH 疑問文　🎧 TRACK 75

Where did you buy that hat?	その帽子をどこで買ったのですか。
(A)　Two days ago.	(A) 2 日前です。
(B)　Forty-five dollars.	(B) 45 ドルです。
(C)　In a gift shop.	**(C) ギフトショップでです。**

☞ 出だしを聞き逃さない！

Where（どこ）と尋ねているのに対して「ギフトショップで」と答えている (C) が正答。(A) は When（いつ）に対する答え。(B) は質問文の buy（買う）という語から連想される選択肢。

重要語彙　□ buy：〜を買う　□ hat：帽子　□ ... ago：〜前　□ dollar：ドル
　　　　　□ gift shop：ギフトショップ

19.　正答：B　　　　　　　　　　　　　　　　　選択疑問文　🎧 TRACK 76

Did Stephanie contact you, or is she out of the office?	ステファニーはあなたに連絡をしましたか，それとも彼女は席をはずしていますか。
(A)　Yes, I did it today.	(A) はい，私は今日それをしました。
(B)　I got a note from her.	**(B) 彼女からメモをもらいました。**
(C)　It was an official document.	(C) それは公式な書類でした。

☞ 選択疑問文に Yes/No は×

ステファニーから連絡をもらったか，それとも彼女はオフィスにいないのかを尋ねている選択疑問文に，note（メモ）をもらった（＝連絡をもらった）と答えている (B) が正答。(A) は選択疑問文に Yes で答えているので間違い。(C) は質問文の office と音の似ている official を使ったひっかけ。

重要語彙　□ contact：〜に連絡する　□ out of the office：オフィスにいない　□ note：メモ
　　　　　□ official：公式な　□ document：書類

20. 正答：C　　　　　　　　　　　　　　　　　Yes/No 疑問文　🎧 TRACK 77

Did you <u>look</u> over the pamphlet?	パンフレットに目を通しましたか。
(A) He <u>looks</u> better now.	(A) 彼は前より体調が良さそうです。
(B) <u>Over</u> the counter.	(B) カウンター越しにです。
(C) I haven't had a chance yet.	**(C) まだ機会がありません。**

☞ 音のひっかけに注意！

パンフレットに目を通したかという質問文に対して，「まだ機会がない（＝目を通していない）」と遠回しに答えている (C) が正答。(A) は質問文にある look，(B) は over を使ったひっかけ。

重要語彙　□ look over ... : 〜に目を通す　□ pamphlet：パンフレット　□ look + 形容詞：〜のように見える　□ better：より良い　□ over ... : 〜越しに・〜を越えて　□ counter：カウンター　□ chance：機会　□ not ... yet：まだ〜ない

21. 正答：C　　　　　　　　　　　　　　　　　WH 疑問文　🎧 TRACK 78

<u>When</u> is the <u>assignment</u> <u>due</u>?	課題の締め切りはいつですか。
(A) It's <u>due</u> to the bad weather.	(A) 悪天候のためです。
(B) Please <u>sign</u> this document.	(B) この書類に署名してください。
(C) By next Friday.	**(C) 来週の金曜日までです。**

☞ 出だしを聞き逃さない！

締め切りがいつかを尋ねているのに対し，「金曜日まで」と答えている (C) が正答。(A) は due（締め切り）と due to ...（〜が原因で）が，(B) は assignment（課題）と sign（〜に署名する）の音のひっかけ。

重要語彙　□ assignment：課題　□ due：締め切り　□ due to ... : 〜が原因で　□ weather：天気　□ sign：〜に署名する　□ document：書類　□ by + 時間：〜までに

22. 正答：B　　　　　　　　　　　　　　　　　WH 疑問文　🎧 TRACK 79

<u>Who's</u> going to be our <u>new</u> manager?	誰が私たちの新しいマネジャーになるのですか。
(A) Mr. Baker <u>did</u> it.	(A) ベイカーさんがそれをしました。
(B) We don't know yet.	**(B) まだわかりません。**
(C) It's a <u>new</u> office.	(C) それは新しいオフィスです。

☞ 「わからない」は正答になりやすい

誰が新しいマネジャーになるのかという質問に対し「まだわからない」と答えている (B) が正答。(A) は人の名前があるのでひっかかりそうだが，未来のことに did という過去形で答えることはできない。(C) は質問文にある new を使ったひっかけ。

重要語彙　□ be going to do：〜する（予定だ）　□ manager：マネジャー（部長など管理職の人）　□ know：〜を知っている　□ not ... yet：まだ〜ない　□ new：新しい　□ office：オフィス

23. 正答：B　　　　　　　　　　　　　　　　　否定疑問文　🔘 TRACK 80

Don't you need to review the proposal?	提案を見直す必要はありませんか。
(A) It was a great view.	(A) それはすばらしい眺めでした。
(B) No, I think it's fine.	**(B) 大丈夫だと思います。**
(C) I need one.	(C) ひとつ必要です。

☞ 否定疑問文は否定の部分をカットする

提案を見直す必要がないかという質問に対して，「大丈夫だ」と答えている (B) が正答。この it は proposal（提案）を指している。(A) は review（～を見直す）と音の似ている view（眺め）を使ったひっかけ。(C) は質問文にある need を使ったひっかけ。

重要語彙 🖉 □ need to *do*：～する必要がある　□ great：すばらしい　□ view：眺め　□ fine：大丈夫だ
　　　　　　□ need：～が必要だ

24. 正答：C　　　　　　　　　　　　　　　　　WH 疑問文　🔘 TRACK 81

Why is the office closed today?	なぜ今日オフィスは閉まっているのですか。
(A) At 7:30.	(A) 7 時半です。
(B) Turn right at the corner.	(B) 角を右に曲がってください。
(C) Because it's a holiday.	**(C) 祝日だからです。**

☞ 出だしを聞き逃さない！

オフィスが閉まっている理由を聞いているのに対して，「祝日だから」と答えている (C) が正答。Why（なぜ）に対して Because（なぜなら～だから）と答えているのでわかりやすい。(A) は Why を聞き逃し，オフィスが閉まる時間を尋ねていると勘違いした人へのひっかけ。

重要語彙 🖉 □ office：オフィス　□ closed：閉まっている　□ today：今日　□ turn right：右に曲がる
　　　　　　□ corner：角　□ because ...：～なので　□ holiday：祝日

25. 正答：A　　　　　　　　　　　　　　　　　WH 疑問文　🔘 TRACK 82

How long will you be in Japan?	どのくらい日本にいる予定ですか。
(A) For two months.	**(A) 2 か月間です。**
(B) Nine hundred dollars.	(B) 900 ドルです。
(C) It was alright.	(C) それはまあまあでした。

☞ 出だしを聞き逃さない！

質問文の疑問詞は How long（どのくらいの期間）。これに対し For + 時間（～間）という表現を使って答えている (A) が正答。(B) は How much（いくら）に対する答え。(C) は How was（～はどうでしたか）に対する答え。

重要語彙 🖉 □ for + 期間：～間　□ dollar：ドル　□ alright：まあまあだ・大丈夫だ

26. 正答：B　　　　　　　　　　　　　　　　　　　選択疑問文　TRACK 83

Should I start the <u>meeting</u> now or wait for more people to come?	今会議を始めたほうがいいですか，それとももっと人がくるのを待ったほうがいいですか。
(A) It was a bit too long.	(A) それは少し長すぎました。
(B) I think we should wait.	**(B) 待ったほうがいいと思います。**
(C) Let's <u>meet</u> in front of the gate.	(C) 門の前で会いましょう。

☞ **選択疑問文は長くなる傾向があるので注意**

会議を始めるかそれとも人を待つか，という選択疑問文に対して，「待ったほうがいい」と答えている (B) が正答。質問文がとても長いのでなかなか難しい問題。(A) は会議という状況から想像できる選択肢。(C) は meet（会う）と meeting（会議）の音のひっかけ。

重要語彙　□ start：〜を始める　□ meeting：会議　□ wait for *A* to *do*：A が〜するのを待つ
　　　　　□ more ...：より多くの〜　□ a bit：少し　□ too：〜すぎる　□ long：長い
　　　　　□ Let's *do*：〜しましょう　□ in front of ...：〜の前で　□ gate：門

27. 正答：A　　　　　　　　　　　　　　　　　　　否定疑問文　TRACK 84

Didn't Jason send me a package <u>today</u>?	ジェイソンは小包を今日私に送ってきませんでしたか。
(A) He certainly did.	**(A) 確かにそのようです。**
(B) It ended <u>yesterday</u>.	(B) それは昨日終わりました。
(C) I sent it by ship.	(C) 船便でです。

☞ **否定疑問文は否定の部分をカットする**

ジェイソンが小包を送ったかというのに対し，「確実にした（＝届いている）」と答えている (A) が正答。certainly（確実に）が He と did の間にあるので少しややこしい。(B) は yesterday が today から連想される語のひっかけ。(C) は小包を送るという状況から連想される選択肢。

重要語彙　□ send *A B*：A に B を送る　□ package：小包　□ certainly：確実に・たしかに
　　　　　□ end：終わる　□ by ship：船便で・船で

28. 正答：A　　　　　　　　　　　　　　　　　　　WH 疑問文　TRACK 85

<u>Where</u> can I submit the sales report?	販売報告書はどこに提出すればよいですか。
(A) On the third floor.	**(A) 3 階です。**
(B) I <u>can't</u> agree.	(B) 賛成できません。
(C) Next Monday.	(C) 来週の月曜日です。

☞ **出だしを聞き逃さない！**

質問文の疑問詞は Where（どこ）。これに対し場所を答えている (A) が正答。(B) は質問文の can をひっかけとして使っている。(C) は When（いつ）に対する答え。

重要語彙　□ submit：〜を提出する　□ sales report：販売報告書　□ floor：階　□ agree：賛成する

29. 正答：C　　　　　　　　　　　　　　　　　　　願望表現　　◉ TRACK 86

<u>May I</u> borrow your pen?	ペンを借りてもいいですか。
(A) Yes, it is.	(A) はい，それです。
(B) Thank you so much.	(B) ありがとうございます。
(C) Sure, go ahead.	**(C) もちろんどうぞ。**

☞ **願望表現への返答を意識する**

質問文は May I ...?（〜をしてもよいですか）という願望表現。Sure（もちろん）と許可を出している (C) が正答。(A) は Yes だけ聞こえた人へのひっかけ。(B) はペンを借りる人が言うならわかるが，ペンを貸す人が言うのはおかしい。

重要語彙 □ borrow：〜を借りる　□ sure：もちろんです　□ go ahead：どうぞ

30. 正答：C　　　　　　　　　　　　　　　　　　　WH 疑問文　　◉ TRACK 87

<u>How</u> can I contact Mr. Hofmann?	ホフマンさんにはどうやって連絡をすればいいですか。
(A) By the table.	(A) テーブルのそばにです。
(B) For three hours.	(B) 3 時間です。
(C) You can call him.	**(C) 電話できますよ。**

☞ **出だしを聞き逃さない！**

How（どうやって）に「電話できます」と手段を答えている (C) が正答。(A) は手段の by（〜で）と勘違いした人へのひっかけ。手段の by の後ろには by car（車で）のように，the や a といった冠詞の付いていない名詞がくる。(B) は How long（どのくらいの期間）に対する答え。

重要語彙 □ contact ...：〜に連絡を取る　□ by ...：〜のそばに　□ for + 時間：〜間
　　　　　□ call：〜に電話する

31. 正答：C　　　　　　　　　　　　　　　　　　　否定疑問文　　◉ TRACK 88

<u>Aren't</u> you going to the <u>convention</u> tomorrow?	明日はコンベンションに行くのですよね。
(A) Mr. Holsworth.	(A) ホルスワースさんです。
(B) That's his <u>invention</u>.	(B) それは彼の発明です。
(C) Yes, I'm looking forward to it.	**(C) はい，楽しみにしています。**

☞ **否定疑問文は否定の部分をカットする**

コンベンションに行くかを尋ねているのに対し，「楽しみにしている」と答えている (C) が正答。(A) は Who に対する答え，(B) は invention（発明）と convention（コンベンション）の音が似ていることを使ったひっかけ。

重要語彙 □ convention：コンベンション　□ invention：発明　□ look forward to ...：〜を楽しみに
　　　　　待つ

32. 正答：B　　　　　　　　　　　　　　提案文　🔊 TRACK 89

Why don't we take a break now?	この辺で休憩をとりませんか。
(A) No, I didn't take it.	(A) いいえ，私はそれをとりませんでした。
(B) Sounds good to me.	**(B) いいですよ。**
(C) It was already broken.	(C) それはすでに壊れていました。

☞ 提案文への返答を意識する

休憩をとらないかという提案に対して，「いいと思う」と答えている (B) が正答。(A) は質問文にある take を使ったひっかけ。(C) は break（休憩）と broken（break〔壊れる〕の過去分詞）の音のひっかけ。

重要語彙　□ take a break：休憩をとる　□ sound + 形容詞：～に聞こえる　□ already：すでに
　　　　　□ broken：壊れた

33. 正答：A　　　　　　　　　　　　　　提案文　🔊 TRACK 90

Would you like some coffee?	コーヒーはいかがですか。
(A) Sure, thanks.	**(A) はい，ありがとうございます。**
(B) Yes, I did.	(B) はい，私はしました。
(C) Three copies, please.	(C) 3 部ください。

☞ 提案文への返答を意識する

コーヒーを勧める提案に対し，承諾している (A) が正答。(B) は時制が過去になっているのでおかしい。(C) は coffee（コーヒー）と copy（コピー）の音のひっかけ。

重要語彙　□ coffee：コーヒー　□ sure：はい　□ thanks：ありがとう　□ copy：～部

34. 正答：C　　　　　　　　　　　　　　平叙文　🔊 TRACK 91

Someone left a book in the break room.	誰かが休憩室に本を忘れていきました。
(A) Actually, it's on your right.	(A) じつは，それはあなたの右側です。
(B) I've already booked a ticket.	(B) すでにチケットを予約しました。
(C) I think that's mine.	**(C) それは私のだと思います。**

☞ 最初の文に質問文がくるとは限らない！

休憩室に誰かが本を忘れていったという発言に対し，「自分のだと思う」と答えている (C) が正答。(A) は left（置き忘れる）を「左」と勘違いした人へのひっかけ。(B) は book（～を予約する）という同じ音の単語を使ったひっかけ。

重要語彙　□ someone：誰か　□ leave ... 場所：～を (場所) に置き忘れる　□ break room：休憩室
　　　　　□ actually：じつは　□ on *one's* right：～の右に　□ already：すでに　□ book：～を予約
　　　　　する　□ ticket：チケット

35. 正答：A

Could you go to check the assembly line?	組立工程をチェックしてきてもらえますか。
(A) Sure, I'll do it right away.	**(A) はい，すぐにやります。**
(B) Hold the line, please.	(B) 少々お待ち下さい。
(C) How much was the price?	(C) 値段はいくらでしたか。

☞ 依頼文への返答を意識する

組立工程をチェックしてくれるかという依頼に対し，「すぐにやる」と答えている (A) が正答。(B) は電話で保留をするときの表現。(C) は「勘定」という意味の check を使ったひっかけ。

重要語彙　□ check：〜を点検する・勘定　□ assembly line：組立工程　□ sure：もちろんです
□ right away：すぐに　□ hold the line：電話を切らずに待つ　□ how much：いくら
□ price：値段

36. 正答：B

Have you been to the new museum?	新しい美術館に行ったことがありますか。
(A) I hope the music is good.	(A) 音楽がいいことを願っています。
(B) No, but I'm planning to go there.	**(B) いいえ，でも行こうと思っています。**
(C) It's near Powell Station.	(C) パウエル駅の近くです。

☞ 音のひっかけに注意！

美術館に行ったことがあるかを尋ねている質問に，「いいえ，でも行こうと思っている」と答えている (B) が正答。(A) は museum と音の似ている music を使ったひっかけ。(C) は Where（どこ）に対する答え。

重要語彙　□ museum：美術館・博物館　□ hope：〜だと望む　□ plan to do：〜する予定だ
□ near ...：〜の近くに

37. 正答：C

Don't you want to go shopping?	ショッピングに行きたくないのですか。
(A) No, he didn't.	(A) いいえ，彼はしませんでした。
(B) I'll get three.	(B) 3つください。
(C) I'm too tired today.	**(C) 今日はとても疲れています。**

☞ 否定疑問文は否定の部分をカットする

ショッピングに行きたくないかという勧誘表現に，「今日は疲れている（＝行きたくない）」と間接的に断っている (C) が正答。(A) は主語と時制が合っていない。(B) はショッピングから連想されるフレーズを使ったひっかけ。

重要語彙　□ want to do：〜したい　□ go shopping：買い物に行く　□ get：〜を手に入れる
□ too：〜すぎる　□ be tired：疲れる

You made a <u>copy</u> of these documents, | これらの書類のコピーを取りましたよね？
~~didn't you~~?

(A) Thank you so much. | (A) どうもありがとうございます。

(B) Twenty five <u>copies</u>. | (B) 25 部です。

(C) Yes, they are on your desk. | **(C) はい，それらは机の上にあります。**

☞ 付加疑問文は普通の疑問文だと思う

コピーをとったかという問いに，「机の上にある」と答えている (C) が正答。この they は documents を指している。(A) はコピーをしてもらった人が言うならよいが，返答しているのはコピーを頼まれた人なのでおかしい。(B) は質問文にある copy を使ったひっかけ。

重要語彙　□ make a copy：コピーを取る　□ document：書類　□ Thank you so much.：どうもありがとう。　□ ... copy：～部　□ desk：机

<u>When</u> is the local <u>newspaper</u> published? | 地元紙が発行されているのはいつですか。

(A) I have no idea. | **(A) わかりません。**

(B) On the table. | (B) テーブルの上にです。

(C) Two <u>reporters</u>. | (C) 2 人のレポーターです。

☞ 「わからない」は正答になりやすい

いつ新聞が発行されるのかという質問文に対して，「わからない」と答えている (A) が正答。(B) は Where（どこ）に対する答え。(C) は newspaper（新聞）から連想される reporter（レポーター）を使ったひっかけ。

重要語彙　□ local：地元の　□ newspaper：新聞　□ publish：～を出版する　□ I have no idea.：わからない。　□ reporter：レポーター

We need to buy a new <u>photocopier</u>. | 新しいコピー機を買う必要があります。

(A) Three dollars a cup. | (A) 1 杯 3 ドルです。

(B) Didn't we get one last month? | **(B) 先月買いませんでしたか。**

(C) I ordered <u>copy paper</u>. | (C) コピー用紙を注文しました。

☞ 最初の文に質問文がくるとは限らない！

コピー機を買う必要がある，というのに対して「先月買いませんでしたか」と質問で返している (B) が正答。(A) は copier（コピー機）を coffee（コーヒー）と勘違いした人へのひっかけ。(C) はコピー機から連想される語を使ったひっかけ。

重要語彙　□ buy：～を買う　□ new：新しい　□ photocopier：コピー機　□ dollar：ドル　□ A a B：B につき A（three days a week〔1 週間に 3 回〕）　□ last month：先月　□ order：～を注文する　□ copy paper：コピー用紙

41. 正答：D 格

Mr. Lee will be available to sign copies of **his** new book after the speech.

(A) he   (C) him

(B) himself   **(D) his**   ☞ 空欄の後ろにある名詞に注目！

リーさんは，スピーチの後で新著にサインをいたします。

空欄の後ろにある名詞 book には冠詞がない。よって冠詞の役割ができる所有格の (D) his が入る。

重要語彙 □ available：応じられる　□ sign：〜にサインする　□ copy：本（英語では原本以外のものをコピーと言う）

---

42. 正答：A 動詞の形

Discounts can remarkably **reduce** the cost of manufacturing.
       助動詞　　副詞

(A) reduce   (C) reduces

(B) reducing   (D) reduced   ☞ 空欄の前の助動詞に注目！

割引により製造費用を著しく下げることができる。

空欄の前には can という助動詞と remarkably（著しく）という副詞がある。よって，ここには助動詞とセットになる動詞の原形 reduce（〜を減らす）が入る。(B) reducing は -ing 形，(C) reduces は三人称単数形，(D) reduced は過去形・過去分詞。

重要語彙 □ discount：割引　□ remarkably：著しく　□ cost：費用　□ manufacturing：製造

---

43. 正答：B 相関接続詞

Tickets can be purchased either online **or** by phone.

(A) and   (C) but

(B) or   (D) so   ☞ 相関接続詞は相方を探す！

チケットはオンラインか電話で購入できます。

空欄の前には either があるので，(B) の or を入れて either A or B（A か B のどちらか）という形を作ればよいとわかる。

重要語彙 □ purchase：〜を購入する　□ online：オンラインで

The initial consultation is **completely** free of charge.

無料だ

(A) completely   (C) extremely

(B) successively   (D) gradually   ☞ 空欄の後ろの表現との相性を考える

初回の相談は完全に無料です。

空欄の後ろには free of charge（無料だ）がある。これを適切に修飾できるのは (A) completely（完全に）。初回の相談なのに (B) successively（連続して）は合わないし，(C) extremely（異常に・非常に），(D) gradually（徐々に）は「無料」を修飾できない。

重要語彙 🖊 □ initial：最初の　□ consultation：相談　□ free of charge：無料の

This year's managerial convention [**which** was held in Toronto] was very useful for

コンベンション　　　　　　　トロントで開かれた

our managers.

(A) who   (C) why

(B) when   **(D) which**   ☞ 関係詞のかたまりが修飾する相手に注目！

トロントで開かれた今年の経営コンベンションは，当社のマネジャー達にとってとても有益だった。

空欄の前には convention（コンベンション）という人以外のモノ，後ろには was held という動詞がある。よって，人以外のモノを修飾する which が正答。(A) who は人を修飾する関係代名詞。(C) why は reason（理由）を，(B) when は時間を修飾する関係副詞。

重要語彙 🖊 □ managerial：経営の　□ convention：コンベンション　□ be held in ...：～で開かれる
□ useful：役に立つ

The marketing team **will assemble** next week.

未来の印

(A) assemble   (C) to assemble

(B) will assemble   (D) assembled   ☞ 時間表現に注目！

マーケティングチームは来週集合する。

空欄の後ろには next week（来週）という未来を示す表現があるので，未来形の (B) will assemble が正答。(A) assemble（集まる）は現在形もしくは原形，(C) to assemble は to 不定詞，(D) assembled は過去形・過去分詞。

重要語彙 🖊 □ marketing：マーケティング

130

47. 正答：A   品詞

Fees must be paid to the **technician** immediately.
料金は　　　　　　〜に支払われる　　　　支払われる相手

(A) **technician**   (C) technique

(B) technical   (D) technically   ☞ まずは空欄の前の冠詞に注目！

費用は技術者にすぐに支払われなければならない。

空欄の前には冠詞の the があるので名詞が入る。選択肢の中で名詞は (A) technician（技術者）か (C) technique（技術）。the の前には be paid to があり，この to の後ろには支払われる相手が入るので (A) が正答。(B) technical（技術的な）は形容詞，(D) technically（技術的に）は副詞。

重要語彙 　□ fee：費用　□ pay A to B：A を B に支払う　□ immediately：すぐに

---

48. 正答：C   態

HGH, Inc., **has recruited** [more than 20] employees.
主語（会社名）　　　　　　　　　　目的語（従業員を）

(A) was recruited   **(C) has recruited**

(B) is being recruited   (D) to recruit   ☞ 時制に惑わされない！

HGH 社は 20 人以上の社員を雇用した。

空欄の前には会社名，後ろには ... employees（〜社員）がある。「会社が社員を雇う」という能動態になる (C) has recruited が正答。(A) と (B) は受け身になっているのでダメ。(D) の to recruit を入れると文中に動詞がなくなってしまう。

重要語彙 　□ employee：社員

---

49. 正答：B   語彙

As of October 2, all the workers have to **record** their working hours electronically.
　　　　　　　　　　　　　　　　　　　　　　　　　労働時間を電子的に

(A) praise   (C) raise

(B) **record**   (D) accord   ☞ 空欄の後ろの名詞と相性がいいのは？

10 月 2 日から，全社員は労働時間をコンピュータ上に記録しなければならない。

空欄の後ろには their working hours electronically（労働時間を電子的に）とあるので，record（〜を記録する）を入れれば意味が通る。(A) praise は「〜を称賛する」，(C) raise は「〜を上げる」，(D) accord は「〜に一致する」という意味。

重要語彙 　□ as of ...：〜から　□ worker：社員　□ have to do：〜しなければならない　□ working hour：労働時間　□ electronically：電子的に・コンピュータ上に

易 **50. 正答：D** 動詞の形

Mr. Ha's new job requires him to travel on business a lot.
　　　　　　 主語（単数）

(A)　to require　　　　(C)　requiring

(B)　require　　　　　**(D) requires**　　　☞ **文の主語に注目！**

ハーさんの新しい仕事はたくさん出張がある。

文中には動詞がない。よって空欄には動詞が入る。主語は job という単数なので三人称単数形の -s が付いた requires が正答。(A) to require は to 不定詞，(B) require（〜を要求する）は原形もしくは現在形，(C) requiring は -ing 形。

重要語彙 □ new：新しい　□ travel on business：出張する　□ a lot：たくさん

難 **51. 正答：B** 品詞

Employees have to submit expense reports every month.
　　　　　　　　　 動詞　 名詞（経費）

(A)　report　　　　　(C)　reporter

(B) reports　　　　(D)　reported　　　☞ **空欄の前の名詞と相性がいいのは？**

社員は毎月経費報告書を提出しなければならない。

空欄の前には動詞 submit（〜を提出する）と，名詞 expense（経費）がある。「費用を提出する」では意味が通らないので，expense report（経費報告書）という名詞＋名詞の形を作ればよい。expense の前には冠詞がないので reports という複数形にする。(B) reports が正答。

重要語彙 □ have to *do*：〜しなければならない　□ submit：〜を提出する　□ expense：費用

普 **52. 正答：A** 前置詞 vs. 接続詞 vs. 副詞

Although Mr. Frasier is a new research analyst, he has already shown his strong
　　　　　　 主語＋be 動詞

leadership.

(A) Although　　　(C)　But

(B)　Despite　　　　(D)　However　　 ☞ **空欄の後ろにあるかたまりは名詞 or 文？**

フレイジャーさんは新しいリサーチアナリストだが，すでにすばらしいリーダーシップを発揮している。

空欄の後ろには Frasier is ... という主語＋動詞のかたまりがある。よってこのかたまりを支えられる従属接続詞の (A) Although（〜だが）が正答。(B) Despite（〜にもかかわらず）は前置詞，(D) However(しかし)は副詞。(C) But は等位接続詞なので前後に同じ形を並べなければならない。

重要語彙 □ research analyst：リサーチアナリスト　□ already：すでに　□ strong：強い
　　　　　 □ leadership：リーダーシップ

Employees **are advised** to register for the workshop.
　　　　　　　　　　　　to 不定詞

(A)　advised　　　　　　　**(C)　are advised**

(B)　have advised　　　　(D)　advising　　　　☞ 空欄の後ろの形に注目！

社員はワークショップに登録するよう勧められている。

空欄の後ろには to 不定詞が続いている。advise（助言する）という動詞は《advise + 人 + to do》（〔人〕に〜するよう助言する）か《人 + be advised to do》（〔人〕は〜するよう助言される）の形をとる。今回は空欄の後ろに〔人〕の部分がないので，受動態の (C) are advised が正答。

重要語彙　□ register for ...：〜に登録する　□ workshop：ワークショップ

Invitations (to the upcoming workshop) have been sent to all the employees.
　　　　　　　　　　　　　　　　　　　　　　　動詞（複数形）

(A)　Invite　　　　　　　(C)　Invitation

(B)　Inviting　　　　　　**(D)　Invitations**　　☞ 空欄の位置に注目！ 文中の動詞は？

今度のワークショップへの招待状は全社員に発送された。

文中の動詞は have been sent なので，主語には複数形の名詞が入る。(D) Invitations が正答。(A) Invite（〜を招待する）は動詞，(B) Inviting はその -ing 形，(C) Invitation（招待）は単数形の名詞。

重要語彙　□ upcoming：今度の　□ send A to B：A を B に送る

The new accounting system will be introduced in **every** branch in Chicago next
　　　　　　　　　　　　　　　　　　　　　　　　　　　　単数名詞

month.

(A)　all　　　　　　　　　**(C)　every**

(B)　some　　　　　　　　(D)　many　　　　　☞ 空欄の後ろの名詞に注目！

新しい経理システムは，来月シカゴのすべての支店に導入される。

空欄の後ろは branch（支店）という数えられる名詞の単数形。この形を後ろにとることができるのは (C) every（すべての）だけ。(A) all（すべての），(B) some（いくつかの），(D) many（多くの）の後ろに数えられる名詞がある場合，その名詞は複数形になる。

重要語彙　□ accounting：経理　□ introduce：〜を導入する　□ branch：支店

56. 正答：C 格

Mr. Sperandio is going to Hamburg, but Ms. Marinier may join him.
　　　　　　　　　　　　　　　　　　　　　　　　　　　　主語　　　　他動詞 目的語
　him が指す人

(A) he 　　　　　　　**(C) him**

(B) his 　　　　　　　(D) himself 　　　　　☞ **空欄の前の動詞に注目！**

スペランディオさんはハンブルグに行くが，マリニアさんも彼に加わるかもしれない。

空欄の前には join（〜に加わる）という他動詞があるので，目的語になれる目的格の him を入れればよい。再帰代名詞 himself は主語と目的語が同一人物でなければならない。今回は Ms. Marinier という女性が主語なので入れられない。

重要語彙 🖊 □ may *do*：〜するかもしれない　□ join：〜に加わる

---

57. 正答：D 語彙

Heavy rain is expected to continue until the end of the week.
　　 雨

(A) Deep 　　　　　　(C) Fast

(B) Thick 　　　　　**(D) Heavy** 　　　☞ **空欄の後ろの名詞と相性がいいのは？**

豪雨は週末まで続く見込みです。

空欄の後ろには rain（雨）という語がある。これを適切に修飾できるのは (D) Heavy（重い）。日本語で「重い雨」と言わないので難しい。heavy rain で「豪雨」という意味。(A) の Deep は「深い」，(B) の Thick は「厚い」，(C) の Fast は「速い」という意味。

重要語彙 🖊 □ be expected to *do*：〜すると予期される　□ continue：続く　□ until ...：〜までずっと
　　　　　　□ end：終わり

---

58. 正答：B 前置詞 vs. 接続詞

In spite of the bad weather, Mr. Okamura arrived in Dubai on schedule.
　　　　　　名詞のかたまり

(A) As well as 　　　　(C) In order to

(B) In spite of 　　　(D) Now that 　　☞ **空欄の後ろにあるのは名詞 or 文？**

悪天候にもかかわらず，オカムラさんはドバイに予定通りに到着した。

空欄の後ろは the bad weather という名詞なので，前置詞の As well as（〜と同様に）か In spite of（〜にもかかわらず）に絞られる。文意を取ると，「時間通りに着いた」とあるので「悪天候にもかかわらず」とすれば意味が通る。よって (B) In spite of が正答。(C) In order to（〜するために）の後ろには動詞の原形，(D) Now that（今や〜なので）の後ろには主語 + 動詞が続く。

重要語彙 🖊 □ weather：天気　□ arrive：着く　□ on schedule：予定通りに

59.　正答：A　　　　　　　　　　　　　　　　　　　　　　　時制

Tanja Ohnesorg **was** in charge of the sports section of the *San Francisco Examine*
　主語（三人称単数）

until 2009.
　2009年まで

(A) **was**　　　　　　　　(C)　has been

(B)　are　　　　　　　　　(D)　being　　　　　　　☞ 時間表現に注目！

ターニャ・オーネゾルグは2009年まで『サンフランシスコ・エクザミン』のスポーツ欄を担当していた。

文中には動詞がないので，-ing形の (D) being は入らない。また，主語は三人称単数なので (B) の are も間違い。until 2009（2009年まで）という時間を表す表現があるので，過去形の (A) was が正答だとわかる。(C) has been は現在完了形。

重要語彙 □ be in charge of ... : ～を担当している　□ section : 欄　□ until ... : ～までずっと

60.　正答：C　　　　　　　　　　　　　　　　　　　　　　　品詞

The engine needs to be cleaned（**repeatedly**）.
　　主語　　　＋　　動詞　　　　　なくても成立する

(A)　repeat　　　　　　　　**(C) repeatedly**

(B)　repeated　　　　　　　(D)　repetition　　　　☞ 空欄の位置に注目！

エンジンは何度も清掃される必要がある。

空欄の前までで「エンジンはきれいにされる必要がある」という文が完成しているので，後ろから動詞を修飾できる副詞の (C) repeatedly（繰り返して）が正答。(A) repeat（繰り返す）は原形，(B) repeated はその過去形・過去分詞もしくは「繰り返した」という意味の形容詞。(D) repetition（繰り返し）は名詞。

重要語彙 □ engine : エンジン　□ need to *do* : ～する必要がある　□ clean : ～を清掃する

61.　正答：B　　　　　　　　　　　　　　　　　　　　　　　動詞の形

The manager was **satisfied** with the result of the project.
　主語（人）　be動詞

(A)　satisfy　　　　　　　　(C)　satisfying

(B) satisfied　　　　　　(D)　satisfaction　　　☞ 空欄の前後の形に注目！

マネジャーはプロジェクトの結果に満足だった。

空欄は be 動詞の後ろにあり，かつ主語は manager（マネジャー）という人。よって，satisfied（満足した）を入れて《人 + be satisfied with ...》（人が～に満足する）という形を作ればよいとわかる。(C) satisfying（満足のいく）の主語には満足させる原因が来る。(A) satisfy（～を満足させる）は動詞，(D) satisfaction（満足）は名詞。

重要語彙 □ result : 結果

模試2 解答・解説

易 **62. 正答：B**   比較

Employees who would like to attend the annual seminar must submit the
application form no **later** than May 18.
　　　　　　　　　　　　　比較級の印
(A) late   (C) latest

(B) later   (D) lately   ☞ 空欄の直後の単語に注目！

- -

毎年恒例のセミナーに参加したい社員は 5 月 18 日までに申込書を提出しなければならない。

空欄の後ろに than があるので，比較級の (B) later（後で）が正答。no later than ... で「〜までに」
という意味。late は形容詞では「遅い」，副詞では「遅く」という意味。(C) latest（最新の）は
形容詞の最上級，(D) lately（最近）は副詞。

重要語彙 □ would like to *do*：〜したい　□ attend：〜に出席する　□ annual：年に一度の
　　　　　□ submit：〜を提出する　□ application form：申込書

難 **63. 正答：C**   語彙

Last year's fundraising event was the most **successful** to date.
　　　　　　　　　　主語（イベント）
(A) overall   **(C) successful**

(B) amazed   (D) diligent   ☞ 主語の名詞と相性がいいのは？

- -

去年のチャリティイベントは，今までで一番成功した。

主語は ... event（〜イベント）。イベントがどうだったかを表せる形容詞は (C) successful（成功
した）だけ。(A) overall は「全体の」，(B) amazed は「驚いた」，(D) diligent は「勤勉な」とい
う意味。

重要語彙 □ fundraising event：チャリティイベント　□ to date：今までで

難 **64. 正答：A**   語彙

All the members of the project team are required to **attend** the meeting [which will
　　　　　　　　　　　　　　　　　　　　　　　　　　　　　　　　名詞（目的語）
be held next week].

(A) attend   (C) arrive

(B) participate   (D) come   ☞ 選択肢の中で仲間はずれはどれ？

- -

プロジェクトチームのすべてのメンバーは，来週行われる会議に参加しなければならない。

空欄の後ろには，名詞 the meeting（会議）があるので，この語を目的語にとれる他動詞が入
る。選択肢の中で他動詞は (A) attend（〜に出席する）だけ。(B) participate（参加する）は
participate in ...（〜に参加する）であれば正答。arrive は「着く」，come は「来る」という意味。

重要語彙 □ be required to *do*：〜することを求められる　□ meeting：会議　□ be held：開かれる

Our operation system is very **reliable**.
副詞

(A) reliable (C) reliance

(B) reliably (D) relied ☞ 空欄の前に注目！

当社の運営システムはとても信頼できます。

空欄の前には be 動詞と very（とても）があるので，ここには補語になり，かつ副詞が修飾できる形容詞が入る。(A) reliable（信頼できる）が正答。(B) reliably（確実に）は副詞，(C) reliance（信頼）は名詞，(D) relied は動詞 rely（信頼する・頼る）の過去形・過去分詞。rely on ...（～に頼る）という形で覚えておこう。

重要語彙 □ operation system：運営システム

Proper training and **communication** are indispensable for the prosperity of the company.

(A) communicate (C) communicatively

(B) communicative **(D) communication** ☞ and が並べているのは？

適切なトレーニングとコミュニケーションは，会社の繁栄に欠かせません。

空欄には名詞の training と並んで are の主語になる名詞が入る。よって，名詞の (D) communication（コミュニケーション）が正答。(A) communicate（伝える）は動詞，(B) communicative（通信の・話し好きな）は形容詞，(C) communicatively は副詞。

重要語彙 □ proper：適切な □ training：トレーニング □ indispensable：欠かせない
□ prosperity：繁栄

The president was **impressed** by Mr. Huang's excellent management skills.

(A) impressed (C) impression

(B) impressive (D) impressing ☞ 主語は感情をもらう側？ 与える側？

社長はホアンさんのすばらしい経営技能に感銘を受けた。

空欄の前には主語の The president（社長）と be 動詞の was，後ろには by がある。ここに impressed を入れれば《人 + be impressed by ...》（人は～に感銘を受けた）が完成する。(B) impressive（すばらしい・印象的な）は形容詞，(C) impression（印象）は名詞，(D) impressing は動詞 impress（～に感銘を与える）の -ing 形。

重要語彙 □ president：社長 □ excellent：すばらしい □ management：経営 □ skill：技能

模試 2 解答・解説

The Board <u>wants</u> to see statistics [that show the current company's situation].

(A)　seeing　　　　　　　　**(C)　to see**

(B)　seen　　　　　　　　　(D)　see　　　　　☞ 空欄の前の動詞に注目！

取締役会は，現在の会社の状況を示した統計を見たいと思っている。

空欄の前には動詞の wants がある。この動詞が後ろにとれるのは名詞や to 不定詞なので，to see が正答。(D) see（〜を見る）は原形・現在形，(A) seeing は -ing 形，(B) seen は過去分詞。

重要語彙　□board：取締役会　□statistics：統計　□current：現在の　□situation：状況

The revenue of MakDrid, Inc., has risen significantly this year **due to** the <u>Marketing</u>

名詞のかたまり

<u>Division's collective efforts</u>.

(A)　due to　　　　　　(C)　because

(B)　even if　　　　　　　(D)　when　　　　☞ 空欄の後ろにあるのは名詞 or 文？

マクドリド社の収益は，マーケティング部の結集した努力により今年著しく上昇した。

空欄の後ろには the Marketing Division's ... efforts（マーケティング部の〜努力）という名詞のかたまりがある。この名詞を支えることのできる前置詞 (A) due to（〜が原因で）が正答。(B) even if（たとえ〜でも），(C) because（〜なので），(D) when（〜時）はすべて接続詞なので後ろには主語＋動詞のかたまりが必要。

重要語彙　□revenue：収入　□rise：上昇する　□significantly：著しく　□the Marketing
　　　　　 Division：マーケティング部　□collective：集合的な　□effort：努力

The bridge spans the sea <u>between</u> San Francisco <u>and</u> East Bay.

(A)　not only　　　　　　(C)　either

(B)　between　　　　　　(D)　neither　　　☞ 相関接続詞は相方を探す！

その橋はサンフランシスコとイーストベイの間の海にかかっている。

空欄の後ろには San Francisco and East Bay という A and B の形がある。ここに between を入れて between A and B（A と B の間）のかたまりを作ればよい。

重要語彙　□bridge：橋　□span：〜にかかる　□sea：海

Because the movie *Days Off* is such a hit, **we are** expecting more people to go to the movie theaters.

(A) **we**　　　　　　　　(C)　us

(B)　our　　　　　　　　(D)　ourselves　　　　☞ 空欄の位置に注目！

映画『デイズ・オフ』のヒットにより，より多くの人が映画館に行くと見込んでいる。

空欄の後ろには are という be 動詞がある。文中にはこの動詞の主語になる名詞がないので，ここに主語になれる主格の we を入れればよいとわかる。

重要語彙 □ hit：ヒット　□ expect *A* to *do*：A が～すると予期する　□ movie theater：映画館

It is **the responsibility of Mr. Kim** to send invitations for our annual convention.
　　　冠詞　　　　　　　　　　　前置詞句

(A)　respond　　　　　　　(C)　responsibly

(B)　responsible　　　　　　**(D) responsibility**　　☞ 空欄の位置に注目！

私たちの毎年恒例のコンベンションの招待状を送るのは，キムさんの責任である。

空欄の前には冠詞の the，後ろには前置詞句があるのでここには名詞の (D) responsibility（責任）が入る。(A) respond（応える）は動詞，(B) responsible（責任のある）は形容詞，(C) responsibly（責任を持って）は副詞。

重要語彙 □ invitation：招待状　□ annual：年に一度の

Madison, Inc., **has strictly implemented** its new dress code.
　　　　　　　助動詞　　　　過去分詞

(A)　strict　　　　　　　　(C)　strictures

(B)　strictness　　　　　　**(D) strictly**　　　　☞ 空欄の位置に注目！

マディソン社は新しい服装規定を厳密に実施した。

空欄は助動詞 has と過去分詞 implemented の間にある。よって，副詞の (D) strictly（厳しく）が正答。(A) strict（厳しい）は形容詞，(C) strictures（非難）と (B) strictness（厳しいこと）は名詞。

重要語彙 □ implement：～を実施する　□ dress code：服装規定

Professors from **various** universities will talk about the current international
名詞

economic problems at the seminar.

(A)　variety　　　　　　　(C)　variably

(B)　various　　　　　　(D)　varies　　　　☞ 空欄の後ろにある品詞に注目！

さまざまな大学の教授が，現在の国際経済問題についてセミナーで話します。

空欄の後ろには universities（大学）という名詞がある。この名詞を修飾する形容詞の (B)
various（さまざまな）が正答。(A) variety（種類・多様さ）は名詞，(C) variably（変わりやすく）
は副詞，(D) varies は動詞 vary（変わる）の三人称単数形。

重要語彙 □ professor：教授　□ university：大学　□ talk about ...：～について話す
　　　　　　 □ current：現在の　□ international：国際的な　□ economic：経済の・経済上の
　　　　　　 □ problem：問題　□ seminar：セミナー

Dr. Usuki made a very **informative** presentation at the conference held in San Diego.
　　　　　　　　　　　　　副詞　　　　　　　名詞

(A)　inform　　　　　　　(C)　informer

(B)　information　　　**(D)　informative**　　☞ 空欄の前後にある語の品詞は？

ウスキ医師は，サンディエゴで開かれた会議で，とても有益なプレゼンテーションをした。

空欄の前には副詞の very，後ろには名詞 presentation がある。よって副詞に修飾され，名詞を
修飾する形容詞の (D) informative（有益な）が入る。(A) inform（～に知らせる）は動詞，(B)
information（情報）と (C) informer（通知者）は名詞。

重要語彙 □ make a presentation：プレゼンテーションをする　□ be held in ...：～で開かれる

Please **refrain** from taking pictures in the museum.

(A)　prevent　　　　　　　(C)　derive

(B)　refrain　　　　　　(D)　bring　　　　☞ 空欄の後ろの形に注目！

美術館での写真撮影はお控えください。

空欄の後ろには from+ 動詞の -ing 形がある。これをとれるのは (B) refrain。refrain from *doing*（～
するのを控える）は TOEIC 頻出表現。prevent（妨げる）は prevent *A* from *doing*（A が～する
のを妨げる），(C) derive（由来する）は derive from ...（～に由来する），(D) bring（持ってくる）
は bring *A* from *B*（B から A を持ってくる）という形で from と共に使われる。

重要語彙 □ take a picture：写真を撮る　□ museum：美術館・博物館

Mr. Celosia's exceptional skills in solving financial problems have led him to his current **position** as CFO.
　　　　　　　　　　　最高財務責任者の

(A) increase　　　　　**(C) position**

(B) promotion　　　　(D) interest　　　　　　☞ 文意を考える！

セロシアさんは優れた財政問題の解決能力により，現在の最高財政責任者の地位に昇進できた。

空欄の前には led him to his current（彼を現在の～に導いた），後ろには as CFO（最高財政責任者の）とある。よって，(C) position（地位）を入れれば意味が通る。(A) increase は「上昇」，(B) promotion は「昇進」，(D) interest は「興味」という意味。

重要語彙　□ exceptional：優れた　□ skill：技能　□ solve：～を解決する　□ financial：財政の
　　　　　□ problem：問題　□ lead *A* to *B*：AをBに導く　□ current：現在の
　　　　　□ CFO：最高財務責任者

Santamaria Consulting is famous for offering proper instruction and **suggestions** to its customers.

(A) suggest　　　　　(C) suggesting

(B) suggestions　　　(D) suggested　　　　☞ and が並べているのは？

サンタマリア・コンサルティングは，顧客に適切な指導と提案を提供することで有名である。

空欄の前には instruction and という名詞 +and の形があるので，ここにも名詞が入るはず。選択肢の中で名詞は suggestion（提案）の複数形である (B) suggestions。(A) suggest（～を提案する）は動詞，(C) suggesting はその -ing 形，(D) suggested は過去形・過去分詞。

重要語彙　□ be famous for ...：～で有名な　□ offer *A* to *B*：AをBに提供する　□ proper：適切な
　　　　　□ instruction：教育　□ customer：客

Franziska Chaves **joined** our company as a sales representative [when it was still relatively small].
　　　　　　　　　　　　　　　　　　　　　　　　　　　　　　　過去形

(A) joins　　　　　　　**(C) joined**

(B) will join　　　　　(D) has joined　　　　☞ 時間表現に注目！

フランジスカ・チャベスは，当社がまだ比較的小さかったころに，販売員として社に加わった。

後半部分の when のかたまりのなかに was という過去形がある。よって空欄には過去形の (C) joined が入る。(A) joins は現在形，(B) will join は未来形，(D) has joined は現在完了形。

重要語彙　□ as ...：～として　□ sales representative：販売員　□ still：まだ　□ relatively：比較的

模試2 解答・解説

According to the survey, most employees check their e-mail（ **regularly** ）even at

home.

　　　　　　　　　　　　主語　　　　　　動詞　　　目的語　　なくても成立する

(A) regular　　　　　　(C) regulation

(B) regulate　　　　　　**(D) regularly**　　　　　　　　☞ 空欄の位置に注目！

調査によると，ほとんどの社員が家でもEメールをチェックしているそうだ。

空欄の部分がなくても文が成立するので，動詞を後ろから修飾する副詞の (D) regularly（定期的に）が入る。(A) regular（規則的な・通常の）は形容詞，(C) regulation（規制）は名詞，(B) regulate（〜を規制する）は動詞。

重要語彙 □ according to ... : 〜によると　□ survey：調査　□ most：ほとんどの　□ even：〜でさえ

復習の仕方

● 間違った問題・わからなかった問題を重点的に復習

　間違った問題，そして自信を持って正答できなかった問題に必ず印をつけ，自信を持っ
て正答できるまで何度も復習してください。始めからすべての問題を解きなおすという
方法もありますが，自信を持って正答できる問題を何度も解いてもしかたありません。
できないものをできるようにする，というのを心がけてください。

● 正答の選択肢以外も覚える

　それぞれのパートの不正解の選択肢にも TOEIC 重要表現をたくさんもりこみました。
不正解の選択肢に知らない語句があったらそれらも覚えるようにしてください。さらに，
Part 5 であれば，問題文中に出てきている語句が出題される可能性もあるのでこちらも
チェックしておきましょう。

📖 レベルアップへ向けたお薦めの参考書

● すべてのパートの攻略法を知りたい
📖 新 TOEIC® TEST 総合対策特急 正解ルール 55

森田鉄也 + Karl Rosvold = 著（CD 付き／朝日新聞出版）

● Part 3，4，7 の基礎力をつけたい
📖 TOEIC® テスト Part 3 & 4 を一気に 3 問解けるようになる本

塚田幸光 + 高橋基治 + James DeVos = 著（CD 付き／小学館）

📖 TOEIC® テスト Part7 を 1 問 1 分で解けるようになる本

高橋基治 + 塚田幸光 + James DeVos = 著（小学館）

● リスニング対策をしたい
📖 新 TOEIC® TEST 神崎式 200 点アップ術（上）

神崎正哉 + ダニエル・ワーリナ = 著（CD 付き／語研）

● リーディング対策をしたい
📖 新 TOEIC® TEST 神崎式 200 点アップ術（下）

神崎正哉 + ダニエル・ワーリナ = 著（CD 付き／語研）

● 問題を解いて力をつけたい
📖 TOEIC テスト新公式問題集〈Vol.3, Vol.4〉

Educational Testing Service = 著

（CD 付き／国際ビジネスコミュニケーション協会 TOEIC 運営委員会）

● 語彙力をアップしたい
📖 1 駅 1 題 新 TOEIC® TEST 単語特急

森田鉄也 = 著（朝日新聞出版）

[Part 1, Part 2 ○△× 判断練習用]

Part 1

NO.	ANSWER A B C D
1	Ⓐ Ⓑ Ⓒ Ⓓ
2	Ⓐ Ⓑ Ⓒ Ⓓ
3	Ⓐ Ⓑ Ⓒ Ⓓ
4	Ⓐ Ⓑ Ⓒ Ⓓ
5	Ⓐ Ⓑ Ⓒ Ⓓ
6	Ⓐ Ⓑ Ⓒ Ⓓ
7	Ⓐ Ⓑ Ⓒ Ⓓ
8	Ⓐ Ⓑ Ⓒ Ⓓ
9	Ⓐ Ⓑ Ⓒ Ⓓ
10	Ⓐ Ⓑ Ⓒ Ⓓ

Part 2

NO.	ANSWER A B C D
11	Ⓐ Ⓑ Ⓒ
12	Ⓐ Ⓑ Ⓒ
13	Ⓐ Ⓑ Ⓒ
14	Ⓐ Ⓑ Ⓒ
15	Ⓐ Ⓑ Ⓒ
16	Ⓐ Ⓑ Ⓒ
17	Ⓐ Ⓑ Ⓒ
18	Ⓐ Ⓑ Ⓒ
19	Ⓐ Ⓑ Ⓒ
20	Ⓐ Ⓑ Ⓒ

NO.	ANSWER A B C D
21	Ⓐ Ⓑ Ⓒ
22	Ⓐ Ⓑ Ⓒ
23	Ⓐ Ⓑ Ⓒ
24	Ⓐ Ⓑ Ⓒ
25	Ⓐ Ⓑ Ⓒ
26	Ⓐ Ⓑ Ⓒ
27	Ⓐ Ⓑ Ⓒ
28	Ⓐ Ⓑ Ⓒ
29	Ⓐ Ⓑ Ⓒ
30	Ⓐ Ⓑ Ⓒ

NO.	ANSWER A B C D
31	Ⓐ Ⓑ Ⓒ
32	Ⓐ Ⓑ Ⓒ
33	Ⓐ Ⓑ Ⓒ
34	Ⓐ Ⓑ Ⓒ
35	Ⓐ Ⓑ Ⓒ
36	Ⓐ Ⓑ Ⓒ
37	Ⓐ Ⓑ Ⓒ
38	Ⓐ Ⓑ Ⓒ
39	Ⓐ Ⓑ Ⓒ
40	Ⓐ Ⓑ Ⓒ

Part 5

NO.	ANSWER A B C D
41	Ⓐ Ⓑ Ⓒ Ⓓ
42	Ⓐ Ⓑ Ⓒ Ⓓ
43	Ⓐ Ⓑ Ⓒ Ⓓ
44	Ⓐ Ⓑ Ⓒ Ⓓ
45	Ⓐ Ⓑ Ⓒ Ⓓ
46	Ⓐ Ⓑ Ⓒ Ⓓ
47	Ⓐ Ⓑ Ⓒ Ⓓ
48	Ⓐ Ⓑ Ⓒ Ⓓ
49	Ⓐ Ⓑ Ⓒ Ⓓ
50	Ⓐ Ⓑ Ⓒ Ⓓ
51	Ⓐ Ⓑ Ⓒ Ⓓ
52	Ⓐ Ⓑ Ⓒ Ⓓ
53	Ⓐ Ⓑ Ⓒ Ⓓ
54	Ⓐ Ⓑ Ⓒ Ⓓ
55	Ⓐ Ⓑ Ⓒ Ⓓ
56	Ⓐ Ⓑ Ⓒ Ⓓ
56	Ⓐ Ⓑ Ⓒ Ⓓ
58	Ⓐ Ⓑ Ⓒ Ⓓ
59	Ⓐ Ⓑ Ⓒ Ⓓ
60	Ⓐ Ⓑ Ⓒ Ⓓ

NO.	ANSWER A B C D
61	Ⓐ Ⓑ Ⓒ Ⓓ
62	Ⓐ Ⓑ Ⓒ Ⓓ
63	Ⓐ Ⓑ Ⓒ Ⓓ
64	Ⓐ Ⓑ Ⓒ Ⓓ
65	Ⓐ Ⓑ Ⓒ Ⓓ
66	Ⓐ Ⓑ Ⓒ Ⓓ
67	Ⓐ Ⓑ Ⓒ Ⓓ
68	Ⓐ Ⓑ Ⓒ Ⓓ
69	Ⓐ Ⓑ Ⓒ Ⓓ
70	Ⓐ Ⓑ Ⓒ Ⓓ
71	Ⓐ Ⓑ Ⓒ Ⓓ
72	Ⓐ Ⓑ Ⓒ Ⓓ
73	Ⓐ Ⓑ Ⓒ Ⓓ
74	Ⓐ Ⓑ Ⓒ Ⓓ
75	Ⓐ Ⓑ Ⓒ Ⓓ
76	Ⓐ Ⓑ Ⓒ Ⓓ
77	Ⓐ Ⓑ Ⓒ Ⓓ
78	Ⓐ Ⓑ Ⓒ Ⓓ
79	Ⓐ Ⓑ Ⓒ Ⓓ
80	Ⓐ Ⓑ Ⓒ Ⓓ

ANSWER SHEET

[Part 1, Part 2 ○△× 判断練習用]

Part 1

NO.	ANSWER			
	A	B	C	D
1	A	B	C	D
2	A	B	C	D
3	A	B	C	D
4	A	B	C	D
5	A	B	C	D
6	A	B	C	D
7	A	B	C	D
8	A	B	C	D
9	A	B	C	D
10	A	B	C	D

Part 2

NO.	ANSWER				NO.	ANSWER				NO.	ANSWER			
	A	B	C	D		A	B	C	D		A	B	C	D
11	A	B	C		21	A	B	C		31	A	B	C	
12	A	B	C		22	A	B	C		32	A	B	C	
13	A	B	C		23	A	B	C		33	A	B	C	
14	A	B	C		24	A	B	C		34	A	B	C	
15	A	B	C		25	A	B	C		35	A	B	C	
16	A	B	C		26	A	B	C		36	A	B	C	
17	A	B	C		27	A	B	C		37	A	B	C	
18	A	B	C		28	A	B	C		38	A	B	C	
19	A	B	C		29	A	B	C		39	A	B	C	
20	A	B	C		30	A	B	C		40	A	B	C	

Part 5

NO.	ANSWER				NO.	ANSWER			
	A	B	C	D		A	B	C	D
41	A	B	C	D	61	A	B	C	D
42	A	B	C	D	62	A	B	C	D
43	A	B	C	D	63	A	B	C	D
44	A	B	C	D	64	A	B	C	D
45	A	B	C	D	65	A	B	C	D
46	A	B	C	D	66	A	B	C	D
47	A	B	C	D	67	A	B	C	D
48	A	B	C	D	68	A	B	C	D
49	A	B	C	D	69	A	B	C	D
50	A	B	C	D	70	A	B	C	D
51	A	B	C	D	71	A	B	C	D
52	A	B	C	D	72	A	B	C	D
53	A	B	C	D	73	A	B	C	D
54	A	B	C	D	74	A	B	C	D
55	A	B	C	D	75	A	B	C	D
56	A	B	C	D	76	A	B	C	D
56	A	B	C	D	77	A	B	C	D
58	A	B	C	D	78	A	B	C	D
59	A	B	C	D	79	A	B	C	D
60	A	B	C	D	80	A	B	C	D

ANSWER SHEET

Part 1

NO.	A	B	C	D
1	Ⓐ	Ⓑ	Ⓒ	Ⓓ
2	Ⓐ	Ⓑ	Ⓒ	Ⓓ
3	Ⓐ	Ⓑ	Ⓒ	Ⓓ
4	Ⓐ	Ⓑ	Ⓒ	Ⓓ
5	Ⓐ	Ⓑ	Ⓒ	Ⓓ
6	Ⓐ	Ⓑ	Ⓒ	Ⓓ
7	Ⓐ	Ⓑ	Ⓒ	Ⓓ
8	Ⓐ	Ⓑ	Ⓒ	Ⓓ
9	Ⓐ	Ⓑ	Ⓒ	Ⓓ
10	Ⓐ	Ⓑ	Ⓒ	Ⓓ

Part 2

NO.	A	B	C	D		NO.	A	B	C	D		NO.	A	B	C	D
11	Ⓐ	Ⓑ	Ⓒ			21	Ⓐ	Ⓑ	Ⓒ			31	Ⓐ	Ⓑ	Ⓒ	
12	Ⓐ	Ⓑ	Ⓒ			22	Ⓐ	Ⓑ	Ⓒ			32	Ⓐ	Ⓑ	Ⓒ	
13	Ⓐ	Ⓑ	Ⓒ			23	Ⓐ	Ⓑ	Ⓒ			33	Ⓐ	Ⓑ	Ⓒ	
14	Ⓐ	Ⓑ	Ⓒ			24	Ⓐ	Ⓑ	Ⓒ			34	Ⓐ	Ⓑ	Ⓒ	
15	Ⓐ	Ⓑ	Ⓒ			25	Ⓐ	Ⓑ	Ⓒ			35	Ⓐ	Ⓑ	Ⓒ	
16	Ⓐ	Ⓑ	Ⓒ			26	Ⓐ	Ⓑ	Ⓒ			36	Ⓐ	Ⓑ	Ⓒ	
17	Ⓐ	Ⓑ	Ⓒ			27	Ⓐ	Ⓑ	Ⓒ			37	Ⓐ	Ⓑ	Ⓒ	
18	Ⓐ	Ⓑ	Ⓒ			28	Ⓐ	Ⓑ	Ⓒ			38	Ⓐ	Ⓑ	Ⓒ	
19	Ⓐ	Ⓑ	Ⓒ			29	Ⓐ	Ⓑ	Ⓒ			39	Ⓐ	Ⓑ	Ⓒ	
20	Ⓐ	Ⓑ	Ⓒ			30	Ⓐ	Ⓑ	Ⓒ			40	Ⓐ	Ⓑ	Ⓒ	

Part 5

NO.	A	B	C	D		NO.	A	B	C	D
41	Ⓐ	Ⓑ	Ⓒ	Ⓓ		61	Ⓐ	Ⓑ	Ⓒ	Ⓓ
42	Ⓐ	Ⓑ	Ⓒ	Ⓓ		62	Ⓐ	Ⓑ	Ⓒ	Ⓓ
43	Ⓐ	Ⓑ	Ⓒ	Ⓓ		63	Ⓐ	Ⓑ	Ⓒ	Ⓓ
44	Ⓐ	Ⓑ	Ⓒ	Ⓓ		64	Ⓐ	Ⓑ	Ⓒ	Ⓓ
45	Ⓐ	Ⓑ	Ⓒ	Ⓓ		65	Ⓐ	Ⓑ	Ⓒ	Ⓓ
46	Ⓐ	Ⓑ	Ⓒ	Ⓓ		66	Ⓐ	Ⓑ	Ⓒ	Ⓓ
47	Ⓐ	Ⓑ	Ⓒ	Ⓓ		67	Ⓐ	Ⓑ	Ⓒ	Ⓓ
48	Ⓐ	Ⓑ	Ⓒ	Ⓓ		68	Ⓐ	Ⓑ	Ⓒ	Ⓓ
49	Ⓐ	Ⓑ	Ⓒ	Ⓓ		69	Ⓐ	Ⓑ	Ⓒ	Ⓓ
50	Ⓐ	Ⓑ	Ⓒ	Ⓓ		70	Ⓐ	Ⓑ	Ⓒ	Ⓓ
51	Ⓐ	Ⓑ	Ⓒ	Ⓓ		71	Ⓐ	Ⓑ	Ⓒ	Ⓓ
52	Ⓐ	Ⓑ	Ⓒ	Ⓓ		72	Ⓐ	Ⓑ	Ⓒ	Ⓓ
53	Ⓐ	Ⓑ	Ⓒ	Ⓓ		73	Ⓐ	Ⓑ	Ⓒ	Ⓓ
54	Ⓐ	Ⓑ	Ⓒ	Ⓓ		74	Ⓐ	Ⓑ	Ⓒ	Ⓓ
55	Ⓐ	Ⓑ	Ⓒ	Ⓓ		75	Ⓐ	Ⓑ	Ⓒ	Ⓓ
56	Ⓐ	Ⓑ	Ⓒ	Ⓓ		76	Ⓐ	Ⓑ	Ⓒ	Ⓓ
56	Ⓐ	Ⓑ	Ⓒ	Ⓓ		77	Ⓐ	Ⓑ	Ⓒ	Ⓓ
58	Ⓐ	Ⓑ	Ⓒ	Ⓓ		78	Ⓐ	Ⓑ	Ⓒ	Ⓓ
59	Ⓐ	Ⓑ	Ⓒ	Ⓓ		79	Ⓐ	Ⓑ	Ⓒ	Ⓓ
60	Ⓐ	Ⓑ	Ⓒ	Ⓓ		80	Ⓐ	Ⓑ	Ⓒ	Ⓓ

ANSWER SHEET

Part 1

NO.	A	B	C	D
1	Ⓐ	Ⓑ	Ⓒ	Ⓓ
2	Ⓐ	Ⓑ	Ⓒ	Ⓓ
3	Ⓐ	Ⓑ	Ⓒ	Ⓓ
4	Ⓐ	Ⓑ	Ⓒ	Ⓓ
5	Ⓐ	Ⓑ	Ⓒ	Ⓓ
6	Ⓐ	Ⓑ	Ⓒ	Ⓓ
7	Ⓐ	Ⓑ	Ⓒ	Ⓓ
8	Ⓐ	Ⓑ	Ⓒ	Ⓓ
9	Ⓐ	Ⓑ	Ⓒ	Ⓓ
10	Ⓐ	Ⓑ	Ⓒ	Ⓓ

Part 2

NO.	A	B	C	D
11	Ⓐ	Ⓑ	Ⓒ	
12	Ⓐ	Ⓑ	Ⓒ	
13	Ⓐ	Ⓑ	Ⓒ	
14	Ⓐ	Ⓑ	Ⓒ	
15	Ⓐ	Ⓑ	Ⓒ	
16	Ⓐ	Ⓑ	Ⓒ	
17	Ⓐ	Ⓑ	Ⓒ	
18	Ⓐ	Ⓑ	Ⓒ	
19	Ⓐ	Ⓑ	Ⓒ	
20	Ⓐ	Ⓑ	Ⓒ	

NO.	A	B	C	D
21	Ⓐ	Ⓑ	Ⓒ	
22	Ⓐ	Ⓑ	Ⓒ	
23	Ⓐ	Ⓑ	Ⓒ	
24	Ⓐ	Ⓑ	Ⓒ	
25	Ⓐ	Ⓑ	Ⓒ	
26	Ⓐ	Ⓑ	Ⓒ	
27	Ⓐ	Ⓑ	Ⓒ	
28	Ⓐ	Ⓑ	Ⓒ	
29	Ⓐ	Ⓑ	Ⓒ	
30	Ⓐ	Ⓑ	Ⓒ	

NO.	A	B	C	D
31	Ⓐ	Ⓑ	Ⓒ	
32	Ⓐ	Ⓑ	Ⓒ	
33	Ⓐ	Ⓑ	Ⓒ	
34	Ⓐ	Ⓑ	Ⓒ	
35	Ⓐ	Ⓑ	Ⓒ	
36	Ⓐ	Ⓑ	Ⓒ	
37	Ⓐ	Ⓑ	Ⓒ	
38	Ⓐ	Ⓑ	Ⓒ	
39	Ⓐ	Ⓑ	Ⓒ	
40	Ⓐ	Ⓑ	Ⓒ	

Part 5

NO.	A	B	C	D
41	Ⓐ	Ⓑ	Ⓒ	Ⓓ
42	Ⓐ	Ⓑ	Ⓒ	Ⓓ
43	Ⓐ	Ⓑ	Ⓒ	Ⓓ
44	Ⓐ	Ⓑ	Ⓒ	Ⓓ
45	Ⓐ	Ⓑ	Ⓒ	Ⓓ
46	Ⓐ	Ⓑ	Ⓒ	Ⓓ
47	Ⓐ	Ⓑ	Ⓒ	Ⓓ
48	Ⓐ	Ⓑ	Ⓒ	Ⓓ
49	Ⓐ	Ⓑ	Ⓒ	Ⓓ
50	Ⓐ	Ⓑ	Ⓒ	Ⓓ
51	Ⓐ	Ⓑ	Ⓒ	Ⓓ
52	Ⓐ	Ⓑ	Ⓒ	Ⓓ
53	Ⓐ	Ⓑ	Ⓒ	Ⓓ
54	Ⓐ	Ⓑ	Ⓒ	Ⓓ
55	Ⓐ	Ⓑ	Ⓒ	Ⓓ
56	Ⓐ	Ⓑ	Ⓒ	Ⓓ
56	Ⓐ	Ⓑ	Ⓒ	Ⓓ
58	Ⓐ	Ⓑ	Ⓒ	Ⓓ
59	Ⓐ	Ⓑ	Ⓒ	Ⓓ
60	Ⓐ	Ⓑ	Ⓒ	Ⓓ

NO.	A	B	C	D
61	Ⓐ	Ⓑ	Ⓒ	Ⓓ
62	Ⓐ	Ⓑ	Ⓒ	Ⓓ
63	Ⓐ	Ⓑ	Ⓒ	Ⓓ
64	Ⓐ	Ⓑ	Ⓒ	Ⓓ
65	Ⓐ	Ⓑ	Ⓒ	Ⓓ
66	Ⓐ	Ⓑ	Ⓒ	Ⓓ
67	Ⓐ	Ⓑ	Ⓒ	Ⓓ
68	Ⓐ	Ⓑ	Ⓒ	Ⓓ
69	Ⓐ	Ⓑ	Ⓒ	Ⓓ
70	Ⓐ	Ⓑ	Ⓒ	Ⓓ
71	Ⓐ	Ⓑ	Ⓒ	Ⓓ
72	Ⓐ	Ⓑ	Ⓒ	Ⓓ
73	Ⓐ	Ⓑ	Ⓒ	Ⓓ
74	Ⓐ	Ⓑ	Ⓒ	Ⓓ
75	Ⓐ	Ⓑ	Ⓒ	Ⓓ
76	Ⓐ	Ⓑ	Ⓒ	Ⓓ
77	Ⓐ	Ⓑ	Ⓒ	Ⓓ
78	Ⓐ	Ⓑ	Ⓒ	Ⓓ
79	Ⓐ	Ⓑ	Ⓒ	Ⓓ
80	Ⓐ	Ⓑ	Ⓒ	Ⓓ

森田 鉄也（もりた・てつや）
　慶應義塾大学文学部卒業，東京大学大学院人文社会系研究科
言語学修士課程終了。エッセンス イングリッシュ スクール講
師。TOEIC 990 点。英検 1 級。
　著書に『新 TOEIC® TEST 文法・語彙問題秒速解答法』（共
著，語研），『新 TOEIC® TEST 総合対策特急 正解ルール 55』
『新 TOEIC® TEST 単語特急 2 全語彙力倍増編』『1 駅 1 題新
TOEIC® TEST 単語特急』（以上，朝日新聞出版），iPhone アプ
リ『TOEIC® TEST 英文法・語法徹底トレーニング』などがある。

ブログ：http://toeicjuken.seesaa.net
メールマガジン：http://www.mag2.com/m/0000288072.html

【執筆協力】
Flora Choi
Ramon Celosia
トゥール

© Tetsuya Morita, 2011, Printed in Japan

パート 1・2・5 集中練習
新 TOEIC® TEST 直前すぐ効く 160 問

2011 年 4 月 15 日　　初版第 1 刷発行

著　者　森田鉄也
制　作　ツディブックス株式会社
発行者　田中稔
発行所　株式会社 語研
　　　　〒 101-0064
　　　　東京都千代田区猿楽町 2-7-17
　　　　電　話　03-3291-3986
　　　　ファクス　03-3291-6749
　　　　振替口座　00140-9-66728
組　版　ツディブックス株式会社
印刷・製本　日経印刷株式会社

ISBN978-4-87615-231-5　C0082
書　名　シントーイックテスト　チョクゼンスグキクヒャク
　　　　ロクジュウモン
著　者　モリタ・テツヤ
著作者および発行者の許可なく転載・複製することを禁じます。

定価はカバーに表示してあります。
乱丁本，落丁本はお取り替えいたします。
　　　　　　　　　　　　　　株式会社 語研
　　　　語研ホームページ http://www.goken-net.co.jp/

【付属 CD について】
付属 CD には攻略法のディ
スクマークの付いている英
文と，模試 1, 2（Part 1・
Part 2）の問題の音声を収
録しています。
収録時間：46 分 39 秒